MATERIALS INFORMATION

Prologue

두껍아 두껍아
헌 집 줄게 새 집 다오

대지 선정부터 자금 확보, 법규 검토, 디자인 등 하나의 건축물을 완성하기까지는 다양한 분야를 넘나드는 과정을 거쳐야 한다. 인문, 기술, 예술, 응용, 창의, 경제, 취향, 교육, 욕망 등. 면마다 새겨진 이름은 서로 다르며, 건축은 이들의 이야기를 대변한다. 건축을 종합 예술이라 부르는 까닭에는 이 험난한 여정을 포괄하여 하나의 건물로 어우러 완성하는 데 있다.

나의 건축은 어떨까. 먹고 살고자 한 치열했던 생존, 학벌과 명예로 포장된 욕망들이 한데 뒤섞인 뼈대 위에 서 있는지도 모른다. 어떻게 세워졌는지도 모르고 뒤틀린 채 그저 멋을 추구하는 데만 급급했던 시절은 마치 미장과도 닮았다. 이것저것 가리기 위해 시멘트로 서툴게 마감하려 애쓴, 거친 미장 말이다. 표면의 고운 정도와 거친 정도의 의도를 겪으며 '덮는다'는 건축적 표현 속에 숨어 있던 뜻을 알게 됐다. 가려진 속살과 함께 조화를 이루며 호흡하지 않으면 결국 갈라지고 깨져 속을 드러낼 수밖에 없다는 것. 화장이 피부와 기초에 좌우되듯 미장도 마찬가지다. 바탕이나 날씨 등 여러 조건에 따라 필요한 성능을 예측하고, 어떤 재료로 보강해 표현할 수 있는지 고민해야 한다. 그와 동시에 적절한 바탕이 무엇인지 알고 미리 준비하는 기술의 건축도 염두에 두어야 한다.

건축은 단번에 제 실체를 드러내지 않는다. 오랜 시간을 겪고 나서야 비로소 마주할 수 있다. 열 길 물속은 알아도 한 길 사람 속은 모른다고 했던가. 마치 사람을 대하듯, 건축 또한 그 겉모습으로만 판단해서는 안 된다. 그럼에도 시각에 쉽게 사로잡히는 이들은 고운 외모에 눈과 마음을 둔다. 특히 누군가에게 보이고자 하는 욕구는 대상이 지닌 여러 요소 중에서도 시각적으로 취약한 부분을 가리는 건축 기술로 표출됐다. 그런 면에서 미장은 임시방편의 수단으로서, 또는 마지막을 장식하는 방법으로서 발달해 왔으리라. 이렇듯 단순한 면에 기술이 더해져 생각지도 못했던 기능을 갖추고 시간과 비용 절감의 효율까지 이뤄내고 있는 게 현대미장이다.

건축물의 기본이 되는 '튼튼한 뼈대와 고운 표면'이란 문구에서 문득 어릴 적 친구와 함께 운동장 한쪽 구석에 쪼그려 앉아 손등 위로 흙을 두드리며 노래를 부르던 시간을 떠올려 본다. 손등 위의 흙을 양생하듯 튼튼하게 다지고, 표면을 손바닥으로 문지르며 곱게 만든다. 둥글게 모은 채 흙 속에 파묻혀 있던 손을 조심스레 빼면, 테시마 미술관처럼 기둥 하나 없이 얇은 피막으로 된 공간이 만들어진다. '두꺼비 집'이다. 집은 사람의 본능에서부터 나온다. 두꺼비 집 표면을 다듬는 손바닥의 움직임은 공간을 만들고자 하는 어린아이의 본질이자 본능이다.

자! 그렇다면 이제 어릴 적 경험을 떠올리며 읊조려 보자.
"두껍아 두껍아, 헌 집 줄게 새 집 다오"

-
2024년 12월
발행인 윤재선

발행 배포_ 에잇애플㈜
First published and distributed by 8apple ltd.

GARM magazine

에잇애플 주식회사
06580 서울특별시 서초구 서래로6 B102
T: 02-537-1536
F: 02-537-1532
E-mail: info@8apple.kr
garmmagazine.com
garm_magazine
garmssi

감24 미장
GARM ISSUE 24
PLASTER

초판 1쇄 인쇄 2024년 12월 31일
초판 1쇄 발행 2025년 1월 10일

발행인_ 윤재선
편집장_ 박지일
에디터_ 구자영, 김현경 | 객원 에디터_ 배지나, 박소정
디자인_ 그래픽스튜디오베이스 | 사진_ 이동웅

발행처_ 에잇애플㈜
출판등록 2017. 4. 14.(제2017-000078호)
ISBN 979-11-89485-25-2

※
이 책은 저작권법에 따라 보호받는 저작물이므로 무단전재와 무단복제를
금지하며, 이 책 내용의 일부 또는 전부를 이용하려면 반드시 사전에
저작권자와 출판권자의 서면 동의를 받아야 합니다.

All rights reserved. No part of this publication may be reproduced,
stored in a retrieval system, or transmitted in any form or by any
means, electronic, mechanical, photocopying, recording, or
otherwise, without prior consent of the publisher.
Printed in Seoul, South Korea

GARM

감24
미장

GARM ISSUE 24
PLASTER

garmSSI

1
THEORY AND GENERALIZATION

16
Intro
바름의 미학, 미장

22
Theory
무엇을 미장이라 하는가

28
Tool
무엇이 미장과 함께하는가

34
Focus
무엇으로 미장을 이야기할 수 있는가

Contents

2
PLASTERING EXPLORED THROUGH PROJECTS

40
Interview
텍스처로 빚는 공간감:
비이커 성수 플래그십 스토어,
RBDG 성수

50
Interview
미장으로 직조한 붉은 벽:
카페 돌돌

58
Interview
원형과 현재를 잇는 미장의 태도:
청파동 주택

68
Interview
STO를 변주하다:
어파트프롬댓 플래그십 스토어

76
Interview
공간으로 실천하는 철학: 페세

84
Interview
미장으로 펼치는 예술, 그리고 순환

3
HOW TO

94
Process
건축 미장 프로세스:
온점을 찍기까지

98
Harmony
한식미장과 현대건축의 조응

104
Sustainable
생태지역적 디자인으로 구현한 미장:
이코 한옥

112
Material
미장 혼화재료의 모든 것

Contents

4
ISSUE

122
Relate
방수, 미장, 외장의 연계

126
Limits
건축 미장은 왜 아직도 수작업일까

130
Function
미장에 기능을 더하다

138
Future
인간과 로봇이 공존하는 건설 현장

142
Question
미장에 대한 14가지 해석

5
PRODUCT

154
Essence & Class
미장의 본질에 다가가는 교육:
페인트하우스 우진

160
Certificate
미장으로 향하는 또 하나의 방법,
국가자격

162
Supplement
미장 시공 업체 정보

1

THEORY AND GENERALIZATION

Intro

바름의 미학,
미장

글 **현창용**

쌓고, 매달고, 붙인다. 틀을 세우고, 나사로 조이고, 틈을 접합한다. 건축의 '면(面)'을 만들어 가는 다양한 행위, 즉 공법들을 살펴보면 그 면면이 어떻게 구축되는지 보이는데, 완성된 후에는 그저 평범해 보이는 한 건축물의 얼굴도 사실 수많은 켜(layer)의 재료와 기술들 그리고 이를 행하는 작업자들의 노고가 쌓여 있다. 구조체 곳곳 내진철물을 설치해 철사를 걸고, 그에 한 장 한 장 매어가며 쌓아 올려 줄눈까지 넣어주는 벽돌면, 하지재를 구조체에 열 지어 고정하고, 잘 켜낸 돌판에 걸쇠까지 붙여 고리에 걸어내는 석재면, 설계 단계에서부터 면과 면이 만나 그어내는 선들을 고려해 디자인하고, 이에 맞게 정확히 선제작해 시공해야 하는 금속면까지. 공간의 틀에 면의 얼굴을 입히는 일은 꽤나 복잡하고 번거롭다. 그런데, '뚝딱뚝딱'이 아니라 '쓰윽'으로 해결된다면, 쌓고, 붙이고, 걸고, 고정하는 일 대신 개어 떠서 바르기만 하는 것만으로도 훌륭한 면이 완성된다면 어떨까. 게다가 요구되는 시간도, 비용도, 숙련도도 높지 않다면? 보통 이와 같은 달콤한 꼬임은 그 대가를 치르는 법이지만, 이번에는 아니다. 시작과 끝 모두 달콤한, 어쩌면 현존하는 가장 합리적인 건축재료, 바로 '미장'이다.

미장의 개념과 유래

벽, 천장, 바닥에 회반죽을 떠 바르는 행위 혹은 그 결과물을 우리는 미장이라고 부른다. 영어로는 'Plaster(플라스터)' 또는 'Plastering(플라스터링)'. 플라스틱과 유사한 이 단어는 석유계 가소성 소재가 그러하듯 결국 유연한 반죽을 특정 환경에서 조형하여 굳혀 낼 수 있는 재료를 통칭한다. 건축에서는 바탕면에 석회계 반죽을 개어 바른 후 굳혀 그 자체로 하나의 면을 만들어 내거나 반죽이 굳기 전에 그 위에 다양한 재료를 부착하여 반죽면 일부 혹은 전체가 접착제의 역할을 할 수 있게 하는 공법으로 좁혀 일컫는 것이 일반적이다.

특히 단열재가 보편화되기 전 혹은 단열재가 필요 없는 환경에서는 예로부터 석회를 모래, 물에 개어 만든 회반죽을 건물 구조체 내외부에 바로 발라 각종 질감을 구현하는 방식이 널리 사용됐다. 이렇게 구조체의 거친 면들을 손쉽게 가려주고 매끈하게 연출할 수 있을 뿐 아니라 다양한 무늬와 부자재로 장식까지 할 수 있는 미장은 건물 벽면에 많은 상징적 조형이 필요했던 고대 로마시대부터 애용되며 단순한 면 마감을 넘어 건축의 미감과 상징성을 구현하는 중요한 공법이 되어

지금에 이른다. 석회석을 뜻하는 라틴어 'Stucus(스투쿠스)', 표면을 덮는다는 뜻의 이탈리아어 'Stuccare(스투카레)' 등이 서로 비슷한 어형을 가지고 있는 것을 보면 석회, 모래, 물의 삼박자와 그에 더해진 예술적 터치를 수용하는 미장이 건축 마감재의 고전 중 고전임을 짐작케 한다.

구축의 기술

수많은 건축재료가 개발되어 정착한 현대의 미장은 과거처럼 화려한 부조면을 만들지는 않지만, 여전히 건축물을 만들어 내는 데 중요한 중간재 혹은 마감재로서 역할을 다하고 있다. 중간재로서의 미장은 벽돌, 타일, 석재 등을 구조체에 밀착시켜 접착해 주는 역할을 하거나 줄눈재로 수평간극을 메워주기 위한 '모르타르'의 사용을 통해 이루어진다. 마감재로서의 미장면은 석회(시멘트) 혼합물을 넘어 외단열 시스템, 미장스톤, 인조석면 연출 등 다양한 골재를 반죽에 적용할 수 있도록 수용성을 넓히고 있다. 뿐만 아니라 바닥과 벽, 내부와 외부를 가릴 것 없이 부위별, 상황별 건축의 마감에 보편적이면서도 합리적으로 적용될 수 있게 진화하고 있다. 마감면으로서의 미장이 제 역할을 하기 위해 고려해야 하는 중요한 관점은 위치와 기후다. 결국 반죽 형태로 개어 바른 후 그 상태를 유지하며 시간이 지나야만 충분히 굳어 마감재의 역할을 할 수 있기 때문인데, 중력에 저항하며 반죽 상태의 유동적 재료가 버텨낼 수 있는 위치별 노하우, 굳어지는 동안 유지해야 하는 기온, 굳어진 후의 품질을 결정하는 수축팽창과 온도의 관계 등을 복합적으로 고려해야 하는 것이다. 결국 자연의 섭리에 순응과 극복을 반복하며 구축되는 것이 건축인 만큼 미장 역시 그 원리의 장 안에 있는 셈이다.

바닥은 탈락의 우려가 거의 없는 안정적인 바탕이다. 반죽의 양이 많아도 무방하다. 따라서 바닥에 미장면을 형성할 때는 재료를 25mm 이상 두툼하게 발라 주고 쇠흙손으로 매끈한 면을 만듦으로써 어렵지 않게 완성할 수 있다. 오히려 바닥면 미장에서는 시공 이후의 사용성이 중요한데, 조금이라도 수평이 맞지 않거나 요철이 생기면 두고두고 원망을 사기 때문이다. 이를 보완하기 위해 최근에는 셀프레벨링self-leveling이 가능한 반죽 형태의 제품이 출시되기도 한다. 이 재료는 자체 유동성을 부여하여 경화 과정에서 스스로 중력에 반응해 평탄해지는 성질을 가지는데, 결국 일반적인 모르타르에 경화지연제와 유동화제를 첨가해 '천천히 굳고 더욱 유연한' 반죽이 될 수 있도록 한 것이다. 성질개선으로 오히려 약점이 될 수 있는 지점, 즉 개구부를 통한 바람으로 물결무늬가 생기거나 지연된 시간 동안의 온도차로 크랙이 생길 수 있는 점 등을 유의해 시공해야 한다.

벽은 미장의 역사 그 자체다. 앞서 다룬 고대부터의 미장 역사에서도 그 시작은 결국 벽면과 장식이었고, 현대의 미장이 시멘트 이외의 다른 혼합재를 시도하게 된 것 역시 벽면이 가지는 건축 입면으로서의 역할을 위한 것이기 때문이다. 우선 벽면 미장은 시멘트 모르타르 기준 내벽은 15~18mm, 외벽은 20~24mm로 시공하는데, 바닥에 비해 그 두께가 얇고 내부보다 외부를 두껍게 만든다. 벽은 바닥보다 중력으로 인한 탈락 우려가 있는 만큼 전반적으로 가볍게 그리고 외부는 계절을 타며 온도차로 인해 발생하는 수축팽창을 고려해 조금 더 두툼하게 시공하면서 메쉬를 삽입해 변형을 줄이고 크랙을 방지하는 등의 조치를 취하며 점점 두꺼워지는 것이다. 결국 탈락과 변형에 저항하도록 다양한 솔루션을 고안한 것으로, 바탕체와 미장 재료 사이의 박리 및 분리를 막기 위해 바탕벽체를 깨끗하게 청소하고, 물을 축여 바탕체가 모르타르의 수분을 흡수하지 못하게 한 후 초벌, 고름질, 재벌, 정벌을 차례대로 거치면서 켜켜이 밀실한 미장면을 만들어야 한다. 벽체를 이루는 벽돌, 석재, 패널 등은 일종의 '단위' 재료로서 변형과 파손에 각 단위를 교체하고 보수하는 것으로 대응할 수 있지만 미장면은 그렇지 않다. 바름재의 특성상 하나의 '단일' 면을 형성해 부분보수가 불가능하고 불완전한 시공 시 계절을 거치며 전방위적으로 하자가 발생하는 리스크를 감수해야 한다.

미적 표현의 수단

고대에서 미장의 소성을 이용해 갖가지 장식을 조형해 냈다면, 현대의 미장은 미니멀한 장식적 터치를 지향하며 다양한 패턴과 질감을 수용하고 있다. 특히 외장재로서의 미장은 석회를 넘어 여러 화합물의 혼입을 통해 품질면에서 기후 변화에 대응하고 내구성을 높이는 방향으로 발전해 왔다. 면의 성질과 텍스처 또한 풍부해졌다. 그렇게 다른 외장재에 비해 상대적으로 쉽고, 빠르고, 저렴하다는 장점은 유지하면서 쉽게 연출할 수 없는 인공적인 패턴을 건축재료에 적용 가능한 사실상 유일한 대안으로 자리 잡았다.

특히 한국은 사계절이 뚜렷하고 연교차가 50°C에 육박하는 기후 조건을 가지는데, 쾌적한 내부환경 조성을 위해 단열성능이 뛰어난 외단열 방식을 채택하는 순간 외장재는 외관의 미(美)뿐 아니라 지속 가능한 단열재를 보호하는 역할까지 더불어 부여받는다. 구조체에 직접 외장재를 설치하기 어려운 외단열 방식, 다른 외장 재료들이 단열재로 인해 구조체로부터 이격되며 이를 붙잡기 위해 온갖 철물과 연결재를 동원해야 하는 상황에서 미장은 이 모든 어려움을 단번에 해결할 수 있는 효과적인 대안이 된다. '외단열 시스템'은 단열재 위 접착제를 도포하고, 메쉬를 깐 후 개량된 미장 재료를 펴 바르되 특유의 질감과 제약 없는 색 구현이 가능한 솔루션이다. 신소재 특성상 기존 시멘트 기반 모르타르보다 강한 내충격성, 내후성, 신축성을 가지지만, 평활하고 매끈하기만 했던 미장면에 다양한 패턴을 입히는 것은 건축가의 역량이다.

재료를 펴 바르고 굳기 전에 브러쉬, 샌딩, 스텐실 필름, 롤러, 스폰지, 무늬흙손 등 다양한 도구를 활용해 패턴을 만든다. 금속 브러쉬로 긁어내어 헤어라인의 질감을 구현하고, 모래를 쏘아내는 샌딩 기법을 통해 굵기별로 오돌토돌한 엠보싱을 연출한다. 롤러는 스폰지의 성김 정도에 따라 미장면이 거칠게 뜯겨 잘게 혹은 큼직하게 뿜칠된 면처럼 보이게 하고, 무늬흙손은 미장면에 골을 파내어 연속된 선형의 질서를 만든다. 도구뿐 아니라 반짝이는 입자를 섞기도 하고, 굳기 전에 스텐실을 해 문자나 그림을 새기기도 한다. 미장 특유의 가소성은 완성된 기성 제품으로서 건축물에 부착되는 것이 아닌 '과정의 수용'이 가능한, 면의 형성 후 굳어가는 동안 허락된 숙련공의 행위가 건축에 기록되는 너그럽고 즐거운 마감재인 것이다.

'바름'은 어쩌면 '쌓음'의 발견 이후 가장 오래도록 사랑받은 공법일지도 모른다. 쌓는 대상은 단단하고 규격화되어야 했지만, 펴 바르기 위한 재료는 균질함을 상대적으로 덜 요구하는 만큼 적응성과 표현력이 보장되는 훌륭한 대안이었다. 반죽에 섞어내는 기초재료의 개량, 반죽의 묽은 정도를 결정하는

다양한 화학적 혼합물, 반죽을 단단하게 붙어 있게 하는 부재료의 개발, 표면을 연출하는 재기발랄한 기법이 등장하며 영향력을 넓혀가고 있다. 심지어 개어 발라 굳힌 가공된 미장 재료가 실제 천연 재료와 구분할 수 없을 정도로 유사하게 구현되기도 하는데, 석재 가루를 함께 개어 넣고 줄눈까지 연출해 화강석 마감과 구분하기 힘들어진 미장스톤, 천연석 디딤돌의 경계를 넘보는 인조석 바름(테라조) 등을 놓고는 미장의 기술 과잉이 불러온 미적 기만이라 비판하는 건축가들의 목소리가 있을 정도이니 말이다. 그럼에도 미장의 간결함과 범용성, 경제성과 효율성에 견줄 수 있는 재료는 존재하지 않고, 신소재 개발의 시대에 대응하며 끝 모를 섞임의 확장성을 가질 수 있는 공법 역시 미장만 한 대안이 없다는 점에는 이견이 없을 것이다. 구관이 명관, 재료의 고전인 미장의 미래가 기대되는 이유다.

현창용
중앙대학교 건축학부 교수이자 건축가. 대학에서 건축공간이론/디자인연구실을 이끌며 설계와 이론을 가르친다. Architects H2L의 대표 건축사로 활동하며 폭넓은 범위의 프로젝트를 이어 왔다. 한국건축문화대상 본상(국무총리상), 한국리모델링건축대전 대상(국토부장관상)을 수상했다.

Theory

무엇을 미장이라 하는가

미장의 사전적 정의는 "건축 공사에서 벽이나 천장, 바닥 따위에 흙이나 회, 시멘트 따위를 바름"이다. 이번 장에서는 미장의 개념과 공구, 재료를 살펴본다.

-
글 구자영

개념: 미장을 설명하다

미장. 그 이름 두 자는 『표준국어대사전』에서 고유어로 풀이된다. 영어로는 플라스터plaster, 스타코stucco 등으로 불린다. 두 단어 모두 '물로 개어서 바르는 데 쓰이는 재료의 총칭'이나, 우리나라에서는 '미장'으로 통칭되는 경우가 대부분이다. 현장에서는 여러 외래어가 쓰이고 있는데, 특히 일본어로부터 비롯된 표현이 많다.

   미장은 인류의 역사와 함께 발전해 온 중요한 기술이다. 고대 이집트와 그리스에서는 미장으로 건축물의 외관을 장식하고 보호하는 한편, 예술적 가치와 상징성을 부여하기도 했다. 또한, 중세 유럽에서는 성당과 기념비적인 건축물에 섬세한 미장을 통해 당시 사회의 신념과 가치관을 반영하기도 했다.

   건축 공정의 여러 작업 중에는 미장과 닮은 듯 서로 다른 존재가 많다. 대표적인 예시로 '견출'과 '도장'이 있다. 미장과 견출은 모두 마감 과정의 서막을 연다는 공통점이 있지만, 각각의 작업 범위와 재료, 도구는 다르다. 견출은 시멘트와 물을 섞은 '시멘트 풀'을 붓으로 바르는 작업인 반면에 미장은 일반적으로 시멘트에 모래나 각종 첨가제를 섞은 '미장용 레미탈'을 흙손이나 기타 도구로 바르는 작업을 가리킨다. 한편, 미장과 도장은 '마감 작업'이라는 공통분모를 지녔지만 그 목적과 형태를 달리한다. 도장은 바탕에 도료를 칠해 다채로운 색을 만들거나 기능을 부여하는 마감 작업이다. 이와 달리 미장은 재료를 표면에 부착하는 작업이다. 물론 미장의 목적이 표면을 평탄하게 하는 데에만 있지는 않은 만큼 더 세심하게 들여다볼 필요가 있다.

기초 용어: 미장으로의 여정

미장의 면면을 바라보는 과정에서 우리는 많은 단어를 마주할 예정이다. 재료, 공구, 작업 과정, 이슈 등을 알아볼 때마다 등장하는 용어도 달라지기 마련. 범주를 불문하고 자주 등장하는 용어를 먼저 살펴보자.

바름
미장재를 벽체 표면에 일정한 두께로 발라 표면을 매끄럽게 마무리하거나 다양한 표면을 연출하는 작업. 목적이나 시점, 사용하는 도구 등에 따라 손질바름, 규준바름, 실러바름, 초벌바름, 재벌바름, 정벌바름 등으로 나뉜다.

<u>손질바름</u> 초벌바름 전에 요철이나 변형이 심한 바탕을 고르게 조정하는 작업으로, '바탕처리'와 동일한 의미를 지닌다. 자세한 내용은 '바탕처리' 항목을 확인하도록 한다.
<u>규준바름</u> 미장재를 기준선에 맞춰 미리 언덕 모양 또는 덩어리 모양으로 발라 놓는 작업.
<u>실러바름</u> 바탕의 흡수율을 조정하거나 바름재의 접착력을 높이기 위해 합성수지 에멀션 희석액을 바르는 작업.
<u>초벌바름 / 재벌바름 / 정벌바름</u> 본격적으로 미장재를 바르는 작업은 여러 단계로 나뉘어 진행된다. 이때 바탕면에서 가까운 작업부터 먼 작업 순으로 초벌바름, 재벌바름, 정벌바름이라 칭한다.

결합재
타물질을 결합하는 데 쓰이는 재료. 점토, 시멘트, 풀, 석회 등이 그 예다.

고름질
타설과 동시에 나무 막대로 수평을 잡으며 눌러주는 작업. '수평 작업'이라고도 한다.

기경성
공기 중에서도 굳는 성질을 가리킨다. 건조 상태에서 물을 혼합해 재료로 사용하고, 물이 증발함과 동시에 공기 중의 이산화탄소와 반응하여 굳는 것이다. 흙, 석회, 돌로마이트 플라스터 등이 기경성 재료의 대표적인 예다.

수경성
물에서도 굳는 성질을 의미한다. 건조 상태에서 물과 혼합해 재료로 사용하고, 물이 혼합됨과 동시에 굳는 것이다. 대표적인 예로는 시멘트, 석고 플라스터, 경석고 플라스터, 킨즈 시멘트 등이 있다.

혼화재료 『GARM 03 콘크리트』 pp.57-63 참고
혼화재료는 필요에 따라 미장재의 성분으로 첨가되는 재료를 가리키며, 혼화재(材)와 혼화제(劑)로 나뉜다. 혼화재는 비교적 다량으로 쓰이는 재료로, 체적 계산에 포함된다. 플라이 애시, 고로슬래그 미분말, 메타카올린, 실리카 흄 등이 있다. 혼화제는 콘크리트, 모르타르 등에 특정 성능을 부여하는 첨가제로, 용적 계산에 영향을 미치지 않을 만큼 소량으로 쓰인다. 결합재의 결함을 방지하거나 보완하고, 응결 경화 시간을 조절하기 위해 사용된다.

뿜칠

줄눈

골재
콘크리트나 모르타르에 쓰이는 모래 및 자갈 등의 재료를 가리킨다.

뿜칠
'분무칠'을 일컫는 현장 용어로, 스프레이 노즐을 통해 도료를 균일하게 뿜어 칠하는 일을 가리킨다.

셀프레벨링
자기수평모르타르(자동수평모르타르)를 활용해 바닥의 수평을 맞추는 작업. 바닥 표면을 매끄럽게 한다는 점에서 이 작업은 필요하다. 제품을 가리키기도 하는데, 이 경우에는 중간 과정에 사용해야 하는 일반용 제품과 인테리어 요소로 활용할 수 있는 마감용 제품으로 나뉜다.

줄눈
벽돌이나 돌, 블록 등을 쌓는 과정에서 생기는 접합부의 틈을 가리키며, 영어로는 '조인트joint'라고 한다. 균열에 대응하기 위해 계획적으로 만들어진 것으로, 줄눈을 메우는 작업은 '줄눈 작업'이라 한다. 현장에 따라 타일 사이사이에 넣는 하얀 시멘트를 가리키는 경우도 있다. (『GARM 03 콘크리트』 p.65 참고)

눈먹임
인조석artificial stone갈기 또는 테라조 현장갈기의 갈아내기 공정 중에 종석이 빠져나간 구멍을 동질의 시멘트 풀로 발라 메우는 작업이다.

덧먹임
반죽된 재료를 접합부, 균열 틈새, 구멍 등에 밀어 넣어서 때우는 작업이다.

라스 먹임
메탈 라스나 와이어 라스 같은 바탕에 모르타르 등을 최초로 바르는 작업이다.

바탕
모르타르, 플라스터, 회반죽 등 미장재를 바르기 위한 구조체 표면. 미장바름을 위해 라스, 졸대 등을 처리한 면을 가리키기도 한다.

덧먹임

바탕처리
초벌바름 전에 요철이나 변형이 심한 바탕을 고르게 조정하는 작업으로, '손질바름'이라고도 한다. 초벌바름 시 미장재가 잘 부착되게끔 표면을 처리하는 것을 목표로 한다. 따라서 바탕이 지나치게 평활할 경우에는 정이나 망치, 파쇄 해머 등으로 거칠게 처리하는 작업이 되기도 한다.

라스 먹임

종석種石
인조석 제작 시 사용되는 여러 종류의 작은 돌. 종석을 활용한 미장 작업을 가리켜 '종석미장'이라 하며, 구체적인 시공 방식에 따라 종석뿜칠과 종석뜯기(종석긁기)로 나뉜다.

<u>종석뿜칠</u> 모르타르와 종석을 배합한 후 벽면에 바르는 작업을 가리킨다.
<u>종석뜯기(종석긁기)</u> 종석뿜칠 작업을 진행한 후, 수작업으로 직접 그 표면을 긁거나 뜯어내는 기법이다. 거친 질감을 연출하고자 할 때 쓰인다. 동일한 기법을 의미하는 일본어 '가키오토시(가끼오도시)掻き落とし'로 불리는 경우도 있다.

종석

종류: 미장의 분류

미장을 분류하는 기준은 어느 한 가지로만 정해져 있지 않다. 그만큼 미장의 종류는 다양하게 제시될 수 있다.

바탕인지 장식인지의 여부에 따라 미장의 갈래가 나뉘는 것이 대표적이다. 바탕으로서의 미장은 주택이나 상업 공간에서 볼 수 있는 일반적인 벽 마감 작업에 사용된다. 예를 들어, 콘크리트벽 위에 시멘트 모르타르를 얇게 펴 바르고, 그 위에 페인트나 타일을 부착하기 위해 벽을 매끄럽게 다듬는 작업이 이에 해당한다. 이는 외벽이나 욕실처럼 습기에 노출되는 공간에서 특히 중요하다. 시멘트 미장을 통해 벽의 기초가 평탄해지고, 그 위에 타일이나 페인트가 더 잘 부착되며, 내구성과 방수 효과도 동시에 강화되기 때문이다.

한편, 장식으로서의 미장은 공간의 미적 요소와 맥락을 강조한다. 흔히 '유럽미장'이라 불리는 아트미장이 그 대표적인 예다. 이 미장은 단순히 표면을 마감하는 것을 넘어, 벽에 예술적 질감과 패턴을 더해 독특한 시각적 효과를 연출한다. 시간이 갈수록 상업 공간뿐만 아니라 주거 공간에도 쓰이고 있다. 석회 기반의 스타코나 라임플라스터를 활용하여 부드럽고 광택 있는 표면을 만들어냄으로써 고전적인 우아함과 현대적인 세련미를 동시에 표현할 수 있다는 점에서 단순한 기능적 마감을 넘어, 공간에 독창성과 예술적 깊이를 더해주는 요소로 작용한다.

그 외에도 사용되는 미장재의 중량에 따라 종류를 구분하는 경우도 있다. 벽 미장, 뿜칠 미장, 바닥 미장 등에 필요한 미장재의 중량이 다르기 때문이다. 국가 차원에서 공식적으로 중량에 따른 차이를 규정지어 놓은 사례는 없지만, 시멘트 회사에서 당사 제품을 기준으로 환산한 기준을 살펴봄으로써 대략적인 파악은 가능하다. 일례로 한일시멘트의 건축자재 브랜드이자 제품인 '레미탈'이 있다. 한일시멘트에서 발행한 '일위대가비교표'에 따르면, 바닥 미장에는 모르타르 $1m^3$당 레미탈 1,950kg(48.75포)가 쓰인다고 한다. 이때 바닥용 레미탈 한 포당 무게는 40kg이다. 벽 미장 작업과 뿜칠 미장 작업을 진행하는 경우, 같은 조건에서 미장용 레미탈 1,750kg(43.75포)가 요구된다.

이렇듯 미장의 종류는 다양하며, 각기 다른 형태를 띠고 있다. 하지만 이들은 모두 메우기를 향한다는 공통점을 지닌다. 그리고 끝내 미장으로 수렴한다.

흔히 '유럽미장'이라 불리는 아트미장은 단순히 표면을 마감하는 것을 넘어, 벽에 예술적 질감과 패턴을 더해 독특한 시각적 효과를 연출한다.

Tool

무엇이 미장과 함께하는가

미장은 미세하고도 정확한 감각과 더불어 완성된다. 건축물의 외관을 결정짓는 시발점이 되기도 하기에 꼼꼼한 기술과 깊은 경험을 요한다. 이토록 정밀하고도 아름다운 마감으로의 시작점에는 다양한 재료와 공구가 동행한다.

글 구자영

공간과 재료를 잇다
공구

공간과 재료의 매개체, 공구. 작업 과정에서 공구를 용도에 맞게 사용함으로써 생산성을 높이는 것 또한 중요하다. 어떤 공구를 사용하는지에 따라 마감의 품질과 작업 시간이 결정되기 때문이다. 미장 작업에 쓰이는 여러 공구와 각각의 쓰임새를 살펴보자.

흙손

표면의 콘크리트 혼합물을 평평하게 만드는 도구다. 미장 작업의 가장 기본적인 장비인 흙손은 손으로 직접 작업할 때 사용된다. 자루(손잡이)와 미장날이 서로 가까워 널따란 부위부터 좁다란 부위까지, 규모에 상관없이 쓰이는 만큼 정교한 작업이 가능하다. 흙손의 일반적인 특징은 앞날이 뾰족하다는 점이다. 이는 사용자가 초벌 미장을 단시간에 작업하게끔 돕는 요소로 거듭난다. 또한 뾰족한 앞날을 이용해 이물질을 걷어내거나 보수 작업을 부분적으로 진행할 때도 용이하다.

흙손은 많은 이가 '미장' 하면 떠올리는 공구지만, 부르는 이름은 여럿이다. 흙칼, 미장칼, 미장손, 고대[1], 쇠손, 쇠흙손, 트로웰 등. 이중에서 '쇠손'과 '쇠흙손'의 사전적 의미는 '쇠로 만든 흙손'이라는 점에서 가리키는 범위가 다르다고 할 수 있다. 이때 국립국어원 표준국어대사전에서는 '쇠손'과 '쇠흙손'을 동의어로 놓은 한편, 현장에 따라서는 이 둘을 구분지어 부르는 경우도 존재한다. 현대건축의 일반 미장에 쓰이는 공구를 '쇠손', 전통 한식미장에 쓰이는 공구를 '쇠흙손'으로 일컫는 방식이 그 예다. 이처럼 흙손을 부르는 이름은 너무도 많다. 공식적인 합의도 이뤄진 바 없다. 그에 따라 본지에서는 '흙손'으로 표기하며, 예외가 있을 경우에는 설명을 덧붙이기도 한다.

흙손의 크기를 가리키는 치수 단위로는 '치(한자 표기 시 '촌寸')'와 '자(한자 표기 시 '척尺')'가 주로 쓰인다. 1치(한 치)는 약 3cm로, 1자(한 자)는 1치의 10배인 약 30cm를 가리킨다. 이때 크기가 가장 작은 흙손은 '오사이'라고도 부른다. 무언가를 누른다는 뜻을 지닌 일본어 '오사에(押さえ, おさえ)'에서 비롯된 이름이다.

사각흙손 직사각형으로 된 흙손으로, 초벌바름이 완료된 미장 면을 고를 때, 또는 넓은 면적을 평평하게 할 때 쓰인다. 현장에서는 '사각고대'라는 이름으로도 불린다. 서양식 흙손이라는 배경과 '흙손'을 뜻하는 일본어를 조합해 '양고대'라 칭하는 경우도 있다. 사각흙손은 1990년대부터 퍼티[2]를 바르는 용도로 수입되어 쓰였으나, 콘크리트벽에 대한 수요가 늘며 벽을 얇게 바르는 용도로 사용되기 시작한 바 있다. 쓰이는 부위에 따라 '바닥 사각흙손', '벽체 바름용 사각흙손' 등으로 나뉜다.

나무흙손 바닥에 홈이 있어 표면 수평을 잡을 때 사용하는 도구로, 이름 그대로 '나무흙손'을 뜻하는 일본어인 '기고대(木鏝, きごて)'라고 불린다.

줄눈흙손 벽돌 조적 작업 후 틈을 메우거나 줄눈[3]을 넣는 용도로 쓰이는 흙손. '줄눈고대', '메지고대' 등으로 자주 불린다. 가는 틈새, 각진 틈새, 굵은 틈새 등 어디에 쓰이는지에 따라 길이와 형태가 서로 다르다.

모서리 흙손 (마루멘)

코너형 흙손 (기리스기)

코너흙손 벽 바깥쪽 및 안쪽 코너 마감 작업에 사용되며, 'ㄱ자 흙손'으로 불리기도 한다. 생김새는 크게 두 부류로 볼 수 있다. 벽체의 구석을 마무리하기 위한 오목한 생김새의 '모서리 흙손', 모서리를 반듯하게 마무리하는 볼록한 생김새의 '코너용 흙손'으로 나뉜다. 각각 '마루멘'과 '기리스기'라는 일본어로 불리기도 한다.

주걱흙손 벽돌을 조적하거나 모르타르를 반죽할 때 많이 쓰이는 공구로, 미장재를 개어 반죽하거나 반죽된 미장재를 뜨는 과정에서도 사용된다. 벽돌을 뜻하는 일본어 '렌가(煉瓦, れんが)'를 활용해 '렌가고대'라 불리는 경우가 많다. '삽고대'라고 불리기도 한다.

톱니흙손 쇠붙이의 가장자리가 톱니 모양인 흙손으로, 타일을 부착하는 데 쓰이는 타일 본드나 모르타르를 벽에 바르거나 긁어낼 때 쓰인다. 흙 미장에서는 초벌바름과 정벌바름의 들뜸 현상을 줄이기 위한 요철을 만들 때 사용되기도 한다. 톱니의 골 간격 길이에 따라 세 종류로 나뉘는데, 길이가 짧으면 '소골', 중간이면 '중골', 길면 '대골'이라 한다.

교반기
재료를 뒤섞기 위해 휘젓는 기계로, 물을 시멘트 모르타르 또는 흙 미장재 등과 섞을 때 쓰인다. 현장에 따라 '믹서기'로 칭하는 경우도 있다. 주걱흙손이나 삽으로 미장재를 섞어도 되지만, 교반기를 사용하면 소요되는 시간과 품을 크게 줄일 수 있다.

규준대
모르타르 및 콘크리트 등의 표면을 평평하게 마무리할 때 사용하는 막대를 뜻한다. 긴 규준대를 사용할수록 평평하게 마감할 수 있는 면의 크기가 커진다. 이때, 울퉁불퉁한 면을 규준대로 밀어서 다지는 작업은 '규준대 고름'이라 한다.

미장판
미장재를 덜어놓을 때 쓰는 휴대용 도구로, 현장에 따라 '빠데판'이라고 부르는 경우도 있다. 허리를 숙여 미장재를 일일이 뜨지 않아도 되게끔 한다.

미장솔
붓, 빗자루, 칫솔 머리 등처럼 생긴 도구로, 생김새가 다양하다. 미장재의 색조나 벽체의 질감에 변화를 주고자 할 때 쓰이기도 한다.

라스
모르타르를 바르기 위해 밑바탕에 쓰인다. 강판이나 철선을 이용하여 그물 모양의 구멍을 뚫거나 망을 만들어 완성한다. 졸대 wooden lath, 석고 라스, 메탈 라스 metal lath, 와이어 라스 wire lath, 리브 라스 rib lath, 전기용접 철망 등이 있다.

미장솔

라스

미장 신발
실내 바닥마감 작업을 위해 특수 제작된 신발로, 현장에서는 '오리발'이라고도 불린다. 실내 바닥마감 작업 시에는 바닥에 발자국을 최소한으로 남기는 것이 중요하기에 미장 신발이 필요하다. 더불어, 미장재가 덜 굳었을 때 작업물에 발이 빠지는 상황도 막아준다.

연삭기
빌딩이나 강당에서 자주 보이는 매끈한 바닥의 면을 작업한 후 마감할 때, 작은 요철을 갈아 광택이 나도록 연마하는 장비다. 현장에 따라 '쌍발기', '휘니샤', '그라인더', '다짐기' 등으로 불리기도 한다.

흙손부터 로봇까지, 실내 바닥마감 장비 연대기

아날로그 ──────────────▶ 디지털

흙손 → 장대 미장칼 → 전동 장대 미장칼 → 회전 외발기 및 쌍발기 → AI 미장로봇

'방바닥 통미장 작업'으로도 불리는 실내 바닥마감 미장 작업. '방통 치다'라는 표현이 따로 사용될 만큼 남다른 존재감을 드러낸다. 실내 바닥마감 미장 작업 현장을 들여다보면 무수한 시간이 흘렀다는 사실을 깨닫게 된다. 인류와 더불어 발전해 온 과학기술이 고스란히 녹아 있기 때문이다. 아날로그로만 존재했던 과거에서 디지털이 아우러진 현대에 이르기까지, 장비는 첨단 기술로 발전해 가고 있다.

흙손 2005년에 전라남도 광양 마로산성 4차 발굴조사 당시, 삼국시대에 쓰였던 흙손이 발굴된 바 있다. 그만큼 흙손은 무수한 시간을 관통한다. 까마득한 옛날부터 현재까지, 나아가 미래까지도 향한다는 점에서 그 종착점은 없지 않을까.

장대 미장칼 흙손의 손잡이는 위로 길어지고 미장날은 옆으로 길어지면 장대 미장칼이 된다. 장대 미장칼은 사용자가 일어서서 작업할 수 있게끔 한다. 하지만 그만큼 손잡이와 미장날이 서로 멀어졌기에 세밀한 작업에는 아쉽다. 현장에 따라서는 '미장 밀대'라 불리기도 한다.

전동 장대 미장칼 마침내 미장 도구에도 '모터'라는 기술이자 기계가 부착됐다. 장대 미장칼에 전동 모터가 더해진 장비다.

회전 외발기 및 쌍발기 '기계미장'이 본격적으로 시작되었음을 알리는 장비. 미장날 프로펠러가 장착된 형태를 띠며, 미장날이 한 개면 '외발기', 두 개면 '쌍발기'라 불린다. 이들의 등장으로 한 번에 처리할 수 있는 작업 범위는 넓어졌고, 생산성은 높아졌다. 하지만 세밀한 작업에는 불리하다.

AI 바닥 미장 로봇
건설 현장에도 4차 산업 혁명의 바람이 불어오기 시작했다. 지금도 국내외 유수의 기업에서는 바닥마감 미장 작업에 도입할 로봇을 개발하고 있다. 그중에서도 AI 바닥 미장 로봇은 현대 엔지니어링과 로보블럭시스템이 공동으로 개발한 로봇으로, 총 무게가 약 90kg밖에 되지 않아 비교적 가벼우면서도 전동모터가 적용돼 소음이 적다. 이 획기적인 기술의 집합체에 관한 상세한 이야기는 p.140를 확인하자.

공간을 완성하기 위한 가장 작은 시작점
재료

건축의 시작을 여는 가장 작은 단위가 재료이듯, 미장도 재료에서부터 시작된다. 미장재는 수 가지 조합에서부터 완성된다. 이때 여러 조합의 기반이 되는 기본적인 재료를 소개한다.

물

물
생태계의 균형을 유지하는 요소이자 생명의 원천. 물은 미장재의 생명선으로, 재료 간 결합력을 높인다. 그렇기에 적절한 수분 함량은 작업 결과물의 상태가 한결같을 수 있게끔 하는 데에 필수적이다. 또한, 물은 반죽의 점성과 농도를 결정하며, 경화 과정에서 미장재의 강도를 증가시키기도 한다.

흙

흙
여러 성질을 지닌 구성물이 결합된 복합재료로, 물과 더불어 미장에서 자주 쓰인다. 태곳적 동굴에서만 지내던 인류가 동굴 밖으로 나와 벽을 올릴 때에도 흙은 존재하고 있었다. 단열성과 축열성이 우수할 뿐만 아니라 공기를 정화하고 냄새를 제거해 주기도 한다는 점에서 지속 가능한 건축을 실현시킬 재료로 주목받고 있다.

석회

석회
영어 표현을 그대로 빌려와 '라임^{lime}'이라고도 하며, 우리나라의 전통 미장인 한식미장에서는 '회(灰)'라고 부른다. 석회는 공기에서 굳는 기경성 재료로, 공기 중의 이산화탄소와 결합하면 암석화한다. 하지만 포졸란^{pozzolan} [4])과 섞이면 수경성이 되어 물에서도 굳는다. 석회를 미장재로서 사용하기 위해서는 석회석에 소성(燒成)[5])해 생석회로 만들고, 그 생석회에 물을 추가해 소석회로 만드는 과정을 거쳐야 한다. 생석회의 주성분은 산화칼슘(CaO)으로, 물과 반응하면 다량의 열과 가스를 발생시키면서 미세한 분말의 소석회가 된다. 소석회는 이산화탄소와 반응하여 탄산칼슘으로 변한다. 석회의 특징을 한 단어로 표현하자면 '재사용성'이라고 할 수 있다. 깨뜨려 부숴 가루로 만들 수 있고, 이를 다시 구워서 사용할 수도 있다. 농업용 토양 개량제로 쓰이기도 한다.

모래

모래
입도[6])가 0.02~2mm인 흙을 가리킨다. 모래는 입도에 따라 다채로운 모습을 선보인다. 특히, 입도가 0.5~1mm인 모래는 미장 작업에 적합하여 표면을 고르게 하며, '미장사' 또는 '세사'라고도 불린다. 모래는 미장재의 강도를 높이고, 흡수되는 수분량을 조절하여 수축과 팽창을 완화한다. 또한, 모래는 경량성을 제공하여 구조물의 전체 중량은 낮추고, 시공의 편리성은 높인다. 일반적으로 자갈과 함께 '골재^{aggregate}'로 통칭하기도 한다.

시멘트

시멘트
콘크리트나 모르타르를 제작하기 위해 골재를 결합시키는 결합재료다. 높은 온도에서 굽는 과정을 거쳐 얻는다.

시멘트는 굳는 환경에 따라 세 갈래로 나뉜다. 먼저, 물이 섞임으로써 굳는 '수경성 시멘트'가 있다. 포틀랜드 시멘트$^{Portland\ cement}$는 그 대표적인 예로, 국내에서

석고

여물

쌀풀

해초풀

쓰이는 전체 시멘트의 95% 이상을 차지할 만큼 널리 활용된다. 그다음으로는 물이 섞이지 않아도 공기 중에서 굳는 '기경성 시멘트'가 있다. 소석회, 석고 등이 해당된다. 마지막으로, 특수 시멘트다. 건축물의 기능을 향상하거나 건설 기간을 줄이기 위해 쓰인다.

석고
황산칼슘 이수화물($CaSO_4·2H_2O$, Calcium sulfate dihydrate)로 이루어진 석회질 광물로, 영어로는 '집섬gypsum'이라 한다. 석고에 열을 가하면 소석고(燒石膏)가 되며, 이를 주성분으로 하는 미장재로는 석고 플라스터[7]가 있다.

여물
미장재의 강도를 높이며 균열을 방지하는 섬유질 재료다. 여물은 미장 결과물의 유연성을 증가시켜 외부 충격이나 환경 변화에 저항하는 힘을 키워준다. 또한, 미장재의 접착력을 향상시켜 재료가 분리되는 현상을 예방하며, 전체적인 내구성을 높인다. 영어로는 fiber라고 한다.

쌀풀
재료와 재료 사이에 점성을 부여하는 점착제로서 기능하며, 한식미장의 재료로 많이 쓰인다.

해초풀
자연에서 유래된 점착성 물질로, 우뭇가사리나 도박 등의 해초를 건조한 후 끓여 만든다. 미장재의 접착력과 유연성을 높임으로써 균열을 막는다. 환경친화적인 특성 덕분에 지속 가능한 건축재료로도 주목받는다.

1) 고대: 흙손을 뜻하는 일본어 '고테(鏝, こて)'에서 비롯된 말이다.
2) 퍼티: 돌가루와 탄산칼슘을 유지, 수지 등의 전색제와 배합해 만든 재료. 페인트를 칠할 때에는 바탕면을 다듬고 보수하기 위해 반드시 써야 한다. (『GARM 16 건축 하드웨어』 p.32 참고)
3) 줄눈: 벽돌이나 돌, 블록 등을 쌓는 과정에서 생기는 접합부의 틈을 가리키며, 영어로는 '조인트(joint)'라고 한다. 균열에 대응하기 위해 계획적으로 만들어진 것으로, 줄눈을 메우는 작업을 '줄눈 작업'이라고 한다. 현장에 따라 타일 사이사이에 넣는 하얀 시멘트를 가리키는 경우도 있다. (『GARM 03 콘크리트』 p.65 참고)
4) 포졸란: 그 자신만으로는 수경성을 갖지 않지만, 물에 용해된 수산화칼슘과 상온에서 서서히 반응하여 물에 안 녹는 화합물을 만드는 고운 가루 상태의 물질. 응회암이나 규조토처럼 자연에서 얻을 수 있는 '천연 포졸란'과 소성 점토, 실리카 겔, 실리카 흄, 플라이 애시 등처럼 인공적으로 만들어진 '인공 포졸란'으로 나뉜다.
5) 소성: 조합된 원료를 가열하여 경화성물질을 만드는 조작을 가리킨다. 영어로는 '베이킹(baking)'이라 한다.
6) 입도: 암석이나 퇴적물을 구성하는 주요 광물 입자의 평균적인 크기. 참고로, 놀이터 같은 일상 공간에서 흔히 보이는 모래의 일반적인 입도는 4~5mm다.
7) 플라스터: 광물질의 분말과 물을 섞어 바름마감에 쓰는 재료를 총칭한다.

Focus

무엇으로 미장을 이야기할 수 있는가

단어 하나, 시점 하나로만 미장을 바라보기에는 미장에 중첩된 이야기가 무수하다. 겹겹이 쌓인 이야기의 층을 입체적으로 톺아보기 위해 인문학적인 관점에서 미장을 이해하는 시간을 쌓아가고자 한다.

-
글 조웅희

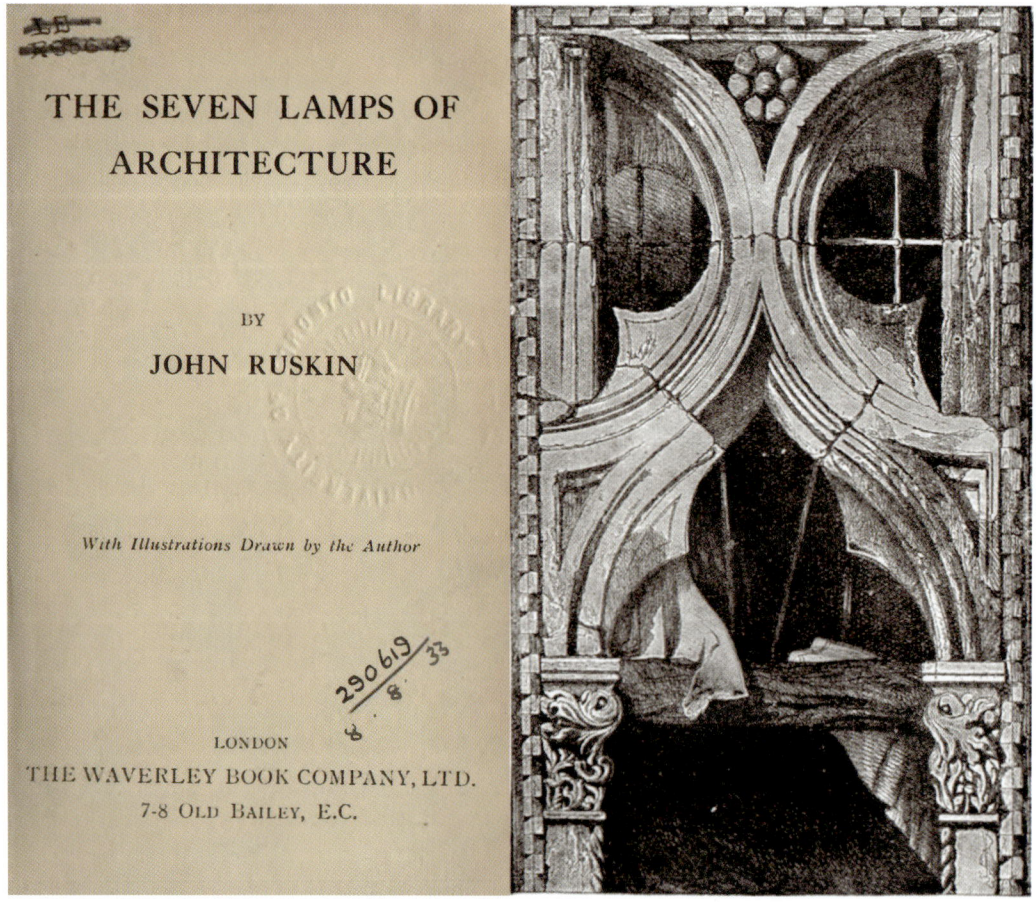

존 러스킨의 『건축의 일곱 등불(The Seven Lamps of Architecture)』 1920년 발행 버전 (좌) 및 본문에 수록된 일러스트 (우)

존 러스킨: 손의 흔적과 불완전함에 대하여

미장에 대한 글을 주제와는 조금 먼 다른 이야기로 시작하려 한다. 19세기 영국의 저명한 예술 평론가이자 사회 운동가였던 (그리고 건축 실무를 직접 경험한 적 없는 애송이였던) 존 러스킨John Ruskin, 1819-1900은 30세라는 젊은 나이에 비평서 『건축의 일곱 등불(The Seven Lamps of Architecture)』을 써낸다. 당시 급격하게 상업화되던 건축 문화에 격분한 나머지 6개월 만에 탈고했다고 알려진다. 이 책은 냉정하고 객관적인 비평서라기보다는 훈계와 꾸짖음을 곁들인, 건축에 관한 열정적인 격언 모음집이라 하는 편이 더 적절할 듯하다. 희생, 진실, 힘, 아름다움, 생명, 기억, 복종이라는 일곱 가지 키워드로 건축을 풀어낸 이 책에서 러스킨은 건축에 있어서 정신적인 것의 중요성과 진실한 노동의 가치에 대해 역설한다.

당시는 산업혁명이라는 대세에 따라 건축에서도 기계와 대량생산 시스템을 도입하려는 노력이 한창이었다. 시공 기술의 합리화에 힘입어 건축의 질적 수준이 비약적으로 향상되던 시기이기도 했다. 그러나 분명히 문제점도 함께 드러나고 있었다. 건축물뿐 아니라 일상생활을 장식하는 많은 물건이 종래의 수공예품에서 기계 생산 제품으로 대체되면서 품질이 조악한 공산품이 빠르게 퍼지고 있던 것이다. 러스킨의 격렬한 비판은 바로 이 지점에서부터 시작된다. 그는 진지한 예술품과 장식품이라면 자연으로부터 온 디자인이어야 하며, 그것은 인간의 손을 거쳐야만 진정한 아름다움을 지닌다고 주장했다. 그리고 기계생산에 대비해서 수공예품의 특징으로 불완전함을 꼽으며, 그 불완전함이야말로 장인의 손이 남긴 흔적과 자유로운 예술 정신을 담보한다고 했다. 역사에서 목격하듯, 당시 러스킨의 주장은 많은 이의 공감을 얻기는 했으나 큰 흐름으로 발전하지는 못했다. 결국 고도화된 산업 사회로의 이행이라는 격변의 시절에 그의 주장은 큰 물결에 역행해서 작은 돌멩이를 던지는 정도로 치부된 것이다. 그로부터 한 세기가 넘는 시간이 흐른 지금, 인간의 눈앞에는 AI나 환경 파괴의 위협이 닥쳐 있다. 이러한 시점에서 러스킨의 사상은 다시 곱씹어 볼 만한 깊은 통찰을 담고 있다.

미장: 직접 손으로 바르는 가장 인간적인 건축 행위

서두에 존 러스킨의 이야기를 길게 풀어놓은 이유는 여기서 다룰 '미장'이라는 건축 행위에 그의 사상과 맞닿는 부분이 있어서다. 미장의 사전적 정의는 '건축에서 벽·천장 등에 흙·석회·시멘트 따위를 바르는 일'이다. 건축 현장에서는 흔히 미장을 '벽돌이나 블록 등을 얼기설기 쌓아 올린 조적조 벽체의 불규칙한 표면을 고운 시멘트 페이스트나 모르타르를 발라서 평평하게 면을 만드는 작업'으로 지칭한다. 하지만 본래 미장은 그보다 더 넓은 개념으로, 건축물의 표면에 유동성 재료를 펴 발라 굳혀서 만드는 시공 작업을 통칭한다. 미장의 역사는 선사시대로까지 거슬러 올라가며, 미장은 인간 정주의 역사와 함께한 아주 오래된 기술이라고 할 수 있다. 미장에 사용되는 재료는 다양하다. 선사시대에는 주로 진흙을 단독으로 사용하거나 짚과 섞어서 사용하다가 고대 이집트와 메소포타미아에서 석고와 석회를 흙에 섞어서 사용하면서 보다 견고한 마감을 얻게 됐다. 19세기에는 건축의 역사를 완전히 뒤바꿔 놓을 만큼 획기적인 재료가 개발됐는데, 콘크리트의 주원료인 포틀랜드 시멘트Portland cement다. 여타 재료에 비해 강도와 시공성이 탁월한 포틀랜드 시멘트가 도입된 이후로 미장에서도 시멘트가 주재료로 널리 사용되고 있다.

스프레이 기계로 미장재를 분사하는 방식도 있지만, 흙손을 이용해서 사람이 직접 시공하는 경우가 대부분이다. 이런 점에서 미장은 건축 시공 작업 중 가장 인간적인 작업이라고 할 수 있다. 벽의 크기와 관계없이 작업자의 손이 구석구석 골고루 미쳐야 하나의 벽이 완성된다. 그리고 사람 손을 많이 타는 만큼 작업 결과물도 천차만별이다. 숙련된 미장공의 인건비는 매우 높다. 그만큼 미장 작업은 고되면서도 기술을 필요로 하는 공정이다. 인간적이라는 말은 기계가 대체하기 쉽지 않다는 말이기도 하고, 작업자의 손맛이 정직하게 드러난다는 말이기도 하다. 작업자는 흙손을 다루는 다양한 기술을 통해 마감면의 두께와 표면의 텍스처를 자유롭게 조절할 수 있다. 존 러스킨의 표현을 빌리자면 미장이라는 건축 행위는 장인의 손의 흔적이 표면에 남고, 그것은 곧 노동의 순수한 가치가 물질에 새겨지는, 지극히 인간적인 행위라고 바라볼 수도 있지 않을까.

시선: 미장을 바라보는 방법

유동적인 재료를 표면에 펴 바른다는 표현에서 짐작할 수 있듯이 미장은 얼굴에 하는 화장을 연상시킨다. 그런 면에서 미장의 기능은 화장의 기능과 꽤 유사하다. 즉, 울퉁불퉁한 부분을 메꿔서 매끄러운 표면으로 만들고, 보기 싫은 흠을 감추며 표면이 아름다운 색상을 띠게끔 한다. 이미 있는 재료의 표면을 다른 재료로 덮는다는 면에서 미장은 공격을 받기도 한다. 재료의 물성을 솔직하게 드러내는 것이 진실된 건축이라고 믿는 사람들에게 미장은 본질을 가리는 얄팍한 껍질이라고 받아들여지기도 한다. 그러나 얼굴에 하는 화장을 대하는 태도만큼이나 미장을 대하는 태도도 다양할 수 있다. 화장을 아주 당연한 것으로 받아들이는 사람이 있는가 하면, 얼굴 생김새를 솔직하게 드러내는 것이 가장 아름다운 것이라는 생각을 가지고 있는 사람도 있듯이 미장을 바라보는 방법도 다양할 수 있다는 말이다.

석회와 흙을 베이스로 한 회반죽 미장재인 라임 플라스터는 거칠고 자연스러운 질감의 벽을 만드는 데 쓰인다. 유럽 전통건축에서 흔하게 쓰이던 방식을 우리나라에서도 도입해서 사용하고 있는 것이다. 라임 플라스터 벽이 주는 따뜻하고 친밀한 느낌이 관심을 끈다. 왜 거친 벽면이 매끄러운 표면보다 더 친근하게 느껴질까? 이에 대해 건축가이자 이론가인 유하니 팔라스마Juhani Pallasmaa는 그럴듯한 설명을 내놓는다. 시각은 너무 강력하기에 다른 감각이 끼어들 틈을 쉽게 내주지 않는다는 점에서 그는 시각중심주의를 비판한다. 많은 사람이 수긍하듯 건축 경험이란 인간의 몸을 직접 건축에 대입하고 모든 감각을 동원하여 수용하는 총체적인 경험인데, 시각에 대한 지나친 의존은 다른 감각의 활성화를 막고 진정한 건축 경험을 하지 못하게 한다는 것이다.

같은 이유로 팔라스마는 사진과 이미지로 건축이 소비되는 현 상황을 통렬하게 비판한다. 그에게 있어서 바람직한 방향은 시각을 잠시 뒤로 미뤄두고 건축을 오감으로 경험하도록 노력하는 것이다. 그러기 위해서 건축은 시각보다 다른 감각에 더 호소할 필요가 있다. 그 가운데에서도 그는 촉각을 특히 강조한다. 촉각이 인간의 진화 과정에서 가장 먼저 발달하는 감각이고 다른 감각은 촉각의 분화라고 보기 때문이다. 그래서 그는 재료의 질감이 강조되는 건축을 보면 인간의 촉각은 자극을 받고, 그것을 직접 만져봄으로써 그 경험이 기분 좋은 것인지를 가늠하게 된다고 주장했다. 라임 플라스터의 거친 벽면은 익숙한 흙의 촉감을 연상시키고, 그것을 만져보거나 단지 만져보는 상상을 하는 것만으로 따뜻하고 친밀한 감정을 느끼게 할 수 있다는 것이다.

Art House Project "Kinza" Photo:Naoya Hatakeyama

재료: 자연스럽고 따뜻한 위로

필자가 최근에 경험한 공간에 대해 쓰면서 이 글을 마무리하려 한다. 일본 가가와현 나오시마의 혼무라 마을에는 나이토 레이Naito Rei의 작품이자 건물인 <긴자(きんざ)>가 있다. 오래된 목조가옥을 거의 그대로 보존한 이 건물에는 한 사람씩 들어가 명상체험을 하게끔 되어 있다. 바닥과 벽 틈으로 새어 들어오는 약한 자연광이 바닥에 깔린 흙을 비추고 사방의 흙벽을 은은하게 밝힌다. 그곳에 앉아 있는 동안 무언가에 포근하게 감싸진 기분이 들었다. 그 이유는 흙이 주는 따뜻함 때문이라는 생각이 들었다. 아주 오래전 누군가가 손으로 쓰다듬으며 만들었을 흙벽이 작은 공간을 온화한 기운으로 채우고 있는 듯했다. 인간의 손이 머문 자연스러운 재료가 인간의 정신을 얼마나 따뜻하게 위로할 수 있는지 새삼스럽게 느낀 경험이었다.

조웅희

TCA(The Concrete Abstract)의 대표이자 홍익대학교 건축학부 교수로 재직 중이다. 미국 건축사로, 연세대학교와 하버드 건축대학원에서 공부했다. 서울 조병수 건축연구소, 베를린 바코우 라이빙어, 뉴욕 아자예 어쏘시에이츠에서 뮤지엄, 주거, 오피스 등 다양한 규모와 프로그램의 건축 실무를 익혔다. TCA를 개소한 후 전라남도 스미집, 홍익대학교 건축도시대학 리노베이션, 서울도시건축 비엔날레 큐레이터 등 건축, 문화, 예술 분야에서 활동하고 있다.

2

PLASTERING EXPLORED THROUGH PROJECTS

Interview

텍스처로 빚는 공간감: 비이커 성수 플래그십 스토어, RBDG 성수

남궁교, 오현진
아르 공동대표

미장은 공간의 인상을 좌우한다. 비단 마감의 완성도에 국한된 말이 아니다. 한정된 재료 안에서도 다양한 질감 표현으로 평면에 새로운 공간감을 불어넣는 일이 바로 미장이다. 벽돌을 쌓아 건물을 짓는 일 이면에는 벽돌 사이의 틈을 메우고 표면을 깎아 인상을 정돈하는 일도 있다. 성수동의 오래된 벽돌 건물에 미장으로 새로운 맥락을 부여한 '비이커 성수 플래그십 스토어(이하 비이커 성수)'와 'RBDG 성수'가 흥미로운 사례다. 두 공간을 디자인한 아르에게 자세한 이야기를 들었다.

인터뷰 **배지나**
사진 **박윤지**(별도 표기 외)

감씨(감): 먼저 비이커 성수에 대한 소개를 부탁한다.
-

비이커 10주년을 맞아 성수동에 문을 연 플래그십 스토어다. 연무장길 인근에 가구 브랜드의 쇼룸으로 사용하던 324㎡(약 100평) 규모의 건물을 리노베이션했다. 한남동과 청담동에 이은 세 번째 매장으로, 젊은 세대가 주축이 되어 새로운 문화를 이끌어가는 성수동의 맥락을 해석하는 일이 무엇보다 중요했다. 우리는 이광호 작가와 협업해 공간을 디자인했는데, '반짝이는 젊음'이라는 콘셉트를 시각화하는 것이 과제였다.

감: 콘셉트를 어떻게 해석했나?
-

반짝이는 젊음이란 키워드를 받아들고 가장 먼저 떠올린 건 빛이 나는 작은 조각이었다. 조각들이 벽에 무심히 박혀 공간을 빛내는 모습을 상상했다. 이에 착안해 공간의 다양한 요소를 조각 단위로 표현하고자 했다. 벽, 바닥, 천장에서 저마다의 형태로 조각의 스케일이 느껴지면 좋겠다고 생각했다. 가령 벽과 바닥에 조각이 박혀 있다면, 천장은 타공 그레이팅으로 조각이 빠져나온 듯한 인상을 줄 수 있다. 이렇게 전체적인 그림을 그리고 디테일을 잡아 나갔다. 다만 복잡하고 무질서한 공간이 되는 것은 경계했다. 공간은 주인공이 아닌 배경이 되어야 한다는 생각에, 과한 장식 요소는 배제하고 타공, 그레이팅, 패턴의 적절한 비율을 도출했다.

감: 조각이 벽에 박힌 듯한 형태를 구현하기 위해 미장을 시도했다.
-

처음에는 벽체 위에 알루미늄 조각을 박고 그 위에 레미탈을 펴 바른 후 샌딩하는 방식을 고안했다. 수작업이 주는 손맛과 비정형의 느낌을 두루 구현할 수 있는 방법이라고 생각한 것이다. 하지만 샘플링 과정에서 물을 많이 머금은 레미탈이 알루미늄과 만나 산화되는 문제를 발견했다. 일정한 컨디션을 유지해야 하는 상업 공간에 적용하기에는 무리라는 판단이 들었다. 결국 현장 시공으로는 해결하기 어려워 공장에서 레진을 섞은 콘크리트 패널에 알루미늄을 박는 프리캐스트 공법으로 시공 방식을 변경했다.

감: 알루미늄 패턴이 균일하지 않고 조금씩 다르다. 어떤 효과를 의도했나?
-

반짝임이나 젊음이라는 키워드를 표현하기에는 반듯하고 고급스러운 마감보다 거칠고 정제되지 않은 텍스처가 더 적합하다고 생각했다. 프리캐스트 공법을 적용하더라도 러프한 느낌을 줄 방법을 고민해야 했다. 알루미늄 조각의 형태는 비이커의 로고에서 착안했는데, 흩날리는 조각들이 모여 비이커를 이루는 그래픽 아이덴티티를 공간화한 것이다. 벽과 바닥의 패턴을 자세히 보면 비이커의 알파벳이 있다. 여러 차례 스터디를 거쳐 알파벳을 추상화한 형태를 도출하고, 알루미늄을 하나하나 레이저 커팅한 후 콘크리트 패널에 박았다. 연성이 높은 알루미늄은 스테인리스보다 가공이 쉽다. 차가운 계열의 소재보다는 부드럽고 따뜻한 손맛이 느껴지는 재료를 사용하고자 했다.

내부 및 외부 미장 테스트 과정. 부식 문제로 프리캐스트 공법으로 전환, 패널에 알루미늄 조각을 박는 테스트를 거쳤다. 미장 패턴과 연계해 타공과 그레이팅의 적절한 비율을 도출했다. 외부 미장은 기존 건물의 특성에 기인해 서로 다른 두 가지 텍스처로 마무리했다. ©아르

감: 외벽 미장을 구현할 때 주안점을 둔 부분은 무엇인가?
-

상업 공간 특성상 시선을 끌 수 있으면서 내부 공간과 자연스럽게 어우러지는 파사드를 염두에 두었다. 기존 건물은 붉은 벽돌 외관이었는데, 내부와 유사한 톤으로 방향을 정하고 여러 가지 패턴을 테스트했다. 반짝이는 조각이라는 콘셉트를 외부로 이어가기 위해 수많은 짧은 터치로 이루어진 미장면을 떠올렸고, 레미탈을 사용해 한땀한땀 찍어 바르는 방식의 도돌도돌한 텍스처와 헤라로 긁은 짧은 줄의 텍스처 두 가지를 개발해 외벽에 적용했다. 내부 디자인의 언어를 이어가면서 좀 더 거칠고 수작업 느낌이 나는 외벽을 구현할 수 있었다.

감: 두 가지 다른 텍스처를 개발한 이유가 있나?
-

기존 건물의 특성에서 기인했다. 사실 처음에는 견출 미장으로 벽돌의 흔적을 살리는 방향도 고민했다. 하지만 레이저 스캐너로 확인해 보니 벽돌 겉 부분만 갈아내기에는 안쪽까지 휘어져 있어 한계가 있었다. 무엇보다 기존 건물 측면이 유리로 되어 있었는데, 디스플레이 기능을 고려해 건식 벽체를 세우고 CRC보드를 붙여 면을 만들었다. 그 위로 미장을 해야 하는 상황이었다. 즉 조건이 다른 두 벽이었기 때문에 다른 텍스처를 개발할 수밖에 없었다. 도돌도돌한 텍스처는 벽돌면의 줄눈을 가리는 데서 출발해 발전시켰고, 건식 벽체는 벽돌에 줄눈을 넣는 콘셉트를 구현할 수 없는 면이기에 다른 미장 방식을 적용했다.

비이커 성수 (2022)
-
위치: 서울시 성동구 연무장길 7-1
연면적: 315m²
미장 시공: 디자인에너지

감: RBDG 성수로 넘어가 보자. 마찬가지로 성수동의 도시 맥락에 있는 근린생활시설을 리노베이션했다. 이 프로젝트에서 미장의 목적은 무엇이었나?
-

RBDG 성수는 비이커 성수와 달리 목적이 명확한 건물은 아니었다. 아직 용도가 정해지지 않은 근린생활시설이었는데, 건축주는 기존 건물의 복잡한 입면을 정리하길 원했다. 기존 건물은 붉고 둥근 벽돌 위로 부분부분 칠한 흰 페인트가 남아 있는 등 여러 흔적이 이질적으로 얽힌 모습이었다. 처음에는 입면을 다듬고 중성적인 외관을 만들기 위해 벽돌을 허무는 방법도 생각했지만, 공사 범위나 높은 예산이 부담스러워 미장으로 해결할 방법을 고민했다.

감: 새로운 입면을 만들기 위해 어떤 미장을 고안했나?
-

둥근 벽돌 특성상 줄눈을 두껍게 채우면 벽돌의 면적은 줄고 두꺼운 줄눈으로 이루어진 건물의 표면을 만들 수 있겠다고 생각했다. 이에 줄눈 공간을 두껍게 채우고 벽돌의 둥근 앞부분은 긁어서 박혀 있는 벽돌의 일부를 드러냈다. 줄눈과 벽돌의 관계를 뒤집어 새로운 표면을 만든 거다. 기존 벽돌을 지우는 작업이기도 했지만, 동시에 벽돌을 드러내기도 했다. 다양한 스터디를 거쳐 지우기와 드러내기 사이의 중간 지점을 찾아낸 점이 흥미로웠다.

RBDG 성수 (2024)
-
위치: 서울시 성동구 뚝섬로1가길 25
연면적: 125m²
미장 시공: 아르

미장 테스트 및 시공 현장. 줄눈을 두껍게 채우고, 벽돌의 둥근 앞 부분을 긁어 박혀 있는 벽돌의 일부를 드러냈다. ⓒ아르

감: 외관에는 거칠고 매끈한 미장면이 공존한다.

-

기존 외벽의 벽돌 사이로 평평한 미장면이 있었다. 이를 연결해 새로운 미장면을 시공했고, 건조한 뒤 기존의 미장면과 함께 갈아냈다. 흙손으로 펴바른 느낌과 건조한 뒤 갈아낸 느낌은 상당히 다르다. 넓은 면일수록 아무리 잘 바른 미장면이라도 작업자의 손을 타는지라 매끈하기 어려운데, 한번 갈아낸 면은 기계날이 지나가서 정교하고 고운 느낌을 준다. 이렇게 거칠고 매끈한 두 가지 텍스처를 이용해 중성적이고도 흥미로운 외관을 만들었다.

감: 미장은 특히 시공자와의 협업이 긴밀하다. 미장공과의 협업 관계가 어떤가?

-

작업 초기부터 오랜 시간 호흡을 맞춰온 미장 반장님이 있다. 우리가 아이디어를 제안하면 어떻게든 구현해 보려고 여러 시도를 마다치 않는데, 그 덕에 다채로운 미장을 구현할 수 있었다. 우리는 작업에 미장을 즐겨하는 편이라 워낙 다양한 요구를 한다. 반장님과는 오랫동안 신뢰를 쌓아온 덕인지 '또 이상한 거 하려나 보다' 하고 함께 고민하고 작업해 주어 늘 고마운 마음이다.

감: 아르의 작업에서 미장은 어떤 의미를 지니는가?

-

미장은 공간의 인상을 좌우한다는 점에서 중요도가 높다. 우리는 공간의 텍스처를 중요하게 여기는데, 텍스처에 따라 공간감이 달라지기 때문이다. 텍스처에 있어 미장을 대체할 방법은 거의 없다고 본다. 비교적 저렴한 재료로 어느 정도 볼륨감도 만들 수 있고, 작업자의 손에 따라 그 결과가 무궁무진하다. 정형화된 방법 없이 다양하게 변주해 공간의 개성을 드러낼 수 있는 영역이라는 점에서 큰 흥미를 느낀다.

———
아르
아르는 남궁교와 오현진이 운영하는 공간 디자인 스튜디오다. 건축에서 가구, 조명까지 공간 전반의 디자인 작업을 해오고 있다. 식물관 PH, 앤트러사이트 연희, 비이커 성수, 엠프티 압구정 베이스먼트, 전시 《SWITCH THINGS UP》 등의 작업을 했다.

Interview

미장으로 직조한
붉은 벽:
카페 돌돌

노서영, 김하아린
오후건축사사무소 공동대표

전북 전주시에 위치한 카페 돌돌은 빈집을 활용해 침체된 골목을 개선시키고 마을을 활성화하자는 취지의 방송 프로그램 <빈집살래3>의 일환으로 기획됐다. 지자체와 방송사 그리고 여러 건축가가 발 벗고 나서서 네 채의 빈집을 새롭게 재탄생시켰고, 해당 건물은 그중 하나였다. 기존 건물이 가진 질감을 그대로 수용해 동네 풍경에 이질감을 없애고, 차가운 무채색의 외관과는 다르게 내부에 붉은 톤을 연출한 점이 특징이다. 안팎으로 색과 온도감에 대비를 줌으로써 공간을 경험하는 이들에게 다양한 모습을 보여주는, 반전 있는 건물을 의도했다고. 고측창을 통해 시각적 개방감을 더하며, 자연광을 내부로 끌어들여 어둡고 쓸쓸했던 공간에 생기를 불어넣는다. 유선형 벽은 시간에 따라 변화하는 빛에 의해 재료의 질감 표현이 더욱 풍성해지며 공간에 묘미를 더한다.

-
인터뷰 박지일
사진 홍석규

카페 돌돌 (2023)
-
위치: 전라북도 전주시 덕진구 팔복동 1가
연면적: 175.76m²
미장 시공: 핑크브러쉬

감씨(감): 외관과 대조되는 붉은 톤의 내부가 인상적이다.

-

리노베이션 프로젝트인 만큼 완전히 새로운 무언가를 만들기보다는 기존 건물이 가지고 있던 인상, 특히 색채 등을 최대한 유지하고자 했다. 또한 건물 내부로 들어갔을 때 색감이나 공간감이 외부에서 보이는 그것과 대비되도록 연출했다. 이를 위해 색상이 있는 재료의 선정을 우선적으로 고민했다.

감: 벽면을 보면 평평한 부분과 질감이 두드러진 부분이 겹겹이 쌓여 있다. 어떤 의도가 있었나? 시공 방법도 궁금하다.

-

벽면이 하나의 덩어리로, 직관적으로도 온전한 벽면으로 인식되기를 바랐다. 줄눈으로 쪼개지고 나뉘는 재료가 아닌, 큰 덩어리처럼 보이는 하나의 재료를 고민한 까닭이다. 이를 구현하기 위해 매끈한 면과 굵은 자갈, 덜 굵은 자갈을 혼합해 시공할 벽면에 라인을 긋고 재료들을 덧바르는 식으로 작업을 진행했다. 적층된 라인별로 바르는 횟수에 차이가 있는 만큼, 마르는 시간을 고려해 작업 시간을 각기 달리했다. 마르는 시간에 따라 라인이 형성되는 탓에 이를 선명하지 않게 갈아내는 작업과 그 위에 오일을 칠하는 작업을 이어 진행했다. 자갈은 크기에 따라 씻겨 나가고 이후 남아 있는 자갈들은 더욱 도드라져 보인다.

색상을 중요하게 고려한 만큼 미장 작업 후 갈아내는 과정에서 오일을 덧발라가며 채도를 높였다. ©오후건축사사무소

감: 색채 및 질감, 패턴 등 디자인을 위해 어떤 연구 과정을 거쳤나?

-

사례 조사를 위해 미장이 돋보이는 다양한 장소를 답사했다. 이후 미장 관련 업체에 요청해 여러 테스트를 진행했고, 실제로 우리가 원하는 디자인을 구현할 수 있는지 확인하는 과정을 거쳤다. 같은 공간에서의 각기 다른 재료와 질감이 어떤 차이가 있는지, 여기에 우리가 원하는 미장이 시공되었을 때 어떻게 보일지 많이 고민했다. 목업을 하고 색상을 선정한 후 이를 현장에 반영해 확인하고, 시공할 부위에 어떤 순서로 작업할지 시뮬레이션을 진행했다. 샘플을 제작하는 과정에서는 한 업체와 순조롭게 이야기가 오갔던 만큼 우리 생각에 딱 들어맞는 결과물을 기대했지만, 전혀 다른 샘플을 받아보며 실망하기도 했다. 창과 자연광을 통한 색다른 연출을 의도한 우리의 생각과도 맞지 않았다. 다행스럽게도 이 과정에서 가능성을 발견할 수 있었는데, 돌가루 입자를 넣어 작업한 결과 그 거친 정도가 우리가 의도한 지점과 가장 맞닿아 있었다.

감: 벽면의 곡선 부분은 시공하기가 쉽지 않았을 듯하다.

-

벽체의 면은 곡선을 지나 천장까지 이어진다. 평평한 부분의 작업도 쉽지 않았지만, 곡선 부분의 작업은 더 어려웠다. 빛이 직사광선으로 들어오는 구간에는 전체적으로 고운 미장을 형성했는데, 미장의 특성상 위쪽에 무게가 있으면 미장이 탈락하거나 균열이 발생할 수 있기 때문이다.

감: 채광이 충분하다. 그럼에도 고측창을 배치한 것도 특별한 이유가 있는 듯하다.

-

건물이 남향이라 햇빛의 각도에 따라 벽면의 각기 다른 부분이 조명된다. 어떤 시기에 얼마만큼의 빛을 받는지에 따라 그 질감이 다르게 느껴진다든가, 질감 자체가 공간에 다른 느낌을 부여하기를 바랐다. 상대적으로 평평한 부분과 질감이 두드러지는 부분을 적층한 데에도 그런 의도가 담겨 있다.

감: 사람의 손으로 작업하는 미장은 작업을 할 때마다 결과물이 다르다. 샘플 제작 과정을 여러 번 거쳤다 해도 결과를 예측하기 어려웠을 듯한데, 어떤 점을 고려했나?

-

미장 작업을 거친 벽면에서 그 자체가 가진 크고 작은 돌의 느낌을 드러내고자 했다. 약간 도드라진 질감이라고 표현할 수 있겠다. 그러나 샘플 테스트를 했을 때, 우리가 원하는 방향을 100% 충족시켜 주지는 못했다. 제작된 샘플을 보면 패턴의 다양함은 있지만 이게 큰 벽으로 구현되었을 때 무게감 있는 덩어리보다는 가벼운 장식처럼 느껴졌기 때문이다. 다른 업체들도 마찬가지였다. 비슷한 방식으로의 표현은 가능하지만 거칠게 한 번 밀어내고 특정 부분을 압착해서 상대적인 차이를 주는 시공 방식은 우리가 생각한 방식과 차이가 있었다.

감: 미장은 작업자의 역량에 따라 현장에서 결과가 좌우되는 경우가 많다. 현장에서는 어떤 식으로 소통했나?
-

가장 어려웠던 것은 작업자를 구하는 일이었다. 특히 이번 작업처럼 다소 까다로운 요구가 있는 현장이면 더욱 그렇다. 작업하는 면적도 넓지 않으니 지방까지 이 작업을 하러 올 인력을 구하는 것은 작업하는 것 이상으로 힘들었다. 작업자를 구하더라도, 우리와 호흡이 맞지 않는 경우도 있고 샘플과 현장의 차이도 있다. 모든 조건이 잘 맞아떨어지더라도 작업자의 당일 컨디션, 현장의 날씨 등 고려할 지점이 무척 많았다. 결국 원시적인 방법으로 바르고 긁어내는 작업을 다 같이 할 수밖에 없었다. 그나마 시공 부위가 넓지 않았기 때문에 컨트롤이 가능했다. 시공 부위가 훨씬 넓은 면이었다면 보이는 느낌의 분명한 차이가 있고, 일관된 시공도 불가능했을 거다.

감: 이번 프로젝트의 작업 정도는 개인적인 노동력은 차치하더라도 비용적인 측면에서 경쟁력이 있을까?
-

벽면 전체를 미장으로 했다는 점을 감안할 때, 일반적인 미장에 비해 훨씬 많은 비용이 들어간 작업이다. 자갈을 섞어서 미장 작업을 했으니 자갈의 두께만큼 평평한 부분도 두껍게 작업할 필요가 있었다. 그런 까닭에 전체적으로 물량이 많이 투여됐다. 그럼에도 불구하고 종합해 보면, 해당 벽면을 벽돌 등 다른 건축재료로 한 것에 비하면 비용적으로 충분히 경쟁력이 있다.

감: 미장 작업에서 가장 흥미로운 지점은 어디에 있다고 보는가?
-

이런 방식의 미장을 시도해 본 건 이번이 처음이었다. 건축에서 쓰이는 재료 대부분은 기성 제품처럼 손쉽게 구할 수 있다. 그런 까닭에 건축가가 고민할 수 있는 영역은 제한적이다. 정해진 여러 샘플 중에서 하나를 선정하거나, 어떤 사이즈를 어디에 부착할지 구축 방식을 주로 고민하게 되는 식이다. 하지만 미장의 경우는 색감부터 질감까지 여러 부분에 건축가가 직접 개입하거나 많은 것을 결정하고 컨트롤할 수 있다. 또한, 미장 작업에는 사람의 손이 많이 개입하기 때문에 어느 현장이든지 결과물이 동일하게 나올 수 없다. 그런 면에서 이번 작업은 힘들지만 흥미로웠다.

감: 작업을 통해 발견한 미장의 한계와 가능성은?
-

앞으로도 이런 작업을 이어가고자 하는 바람은 있지만, 한편으로는 결국 하나하나 사람의 손으로 진행되어야 한다는 점이 우려된다. 작업자의 손으로 하나의 공정을 온전히 의지하기에는 분명한 리스크가 있다. 환경 조건에 영향을 많이 받는 만큼 외장 공사는 제약이 많고, 넓은 면적의 공사도 적합하지 않다. 이러한 미장이 우리나라처럼 난방을 사용하는 주거 공간에 적합한지도 의문이다. 일례로 공간을 황토방처럼 꾸미는 이들이 있는데, 황토가 수축 및 팽창하는 과정에서 떨어져 나온 먼지가 건강에 좋지 않은 영향을 끼칠 수도 있기 때문이다. 반면, 활용 방안이 다양하다는 점에서 여러 시도를 할 수 있는 가능성은 무한하다. 이번 현장의 작업자가 SNS에 작업 사진을 공유했는데 문의를 많이 받았다고 한다. 똑같이 작업해 달라는 문의도 있었다고. 색다른 미장을 찾는 수요가 적지 않은 듯하다.

오후건축사사무소
사람과 공간, 그것과 관계를 맺는 일상 등, 모든 것들이 한데 어우러지는 모습을 상상하며 그 속에서 건축적 고민과 시도를 지속하고 있다. 어려운 건축 담론을 떠나 일상 속 아름다운 공간을 구현하고 도시 조직에 긍정적인 변화를 유도하고자 한다.

Interview

원형과 현재를 잇는 미장의 태도: 청파동 주택

정이삭
에이코랩건축사사무소 대표 건축가,
동양대학교 교수

1930년대 일본에서 유행한 화양절충식 주택을 한반도의 풍토에 맞게 순화해 지은 집이 있다. 숙명여자대학교와 숙대입구역 사이, 등하교 길을 따라 형성된 대학 상권의 주변부에 위치한 청파동 주택이 그 주인공이다. 청파동 주택은 전통 일식 목조가옥에 서구 주택 양식을 일부 수용했을 뿐 아니라 한국 기후에 적응한 구들방 등의 주거 문화를 간직하고 있다는 점에서 눈여겨볼 만하다. 주택의 혼종적 성격은 미장에서도 그대로 드러난다. 리모델링을 맡은 에이코랩건축사사무소(이하 에이코랩)는 100여 년을 거치며 변용해 온 이 주택의 미장을 어떻게 구현했을까?

-
인터뷰 **배지나**
사진 **노경**(별도 표기 외)

청파동 주택 (2020)
-
위치: 서울시 용산구 청파로47가길 9-6
연면적: 269.42m²
미장 시공: 김윤재 외

감씨(감): 청파동 주택을 리모델링해 카페 '킷테'라는 이름으로 대중에게 공개했다.
-

정이삭(정): 청파동 주택은 경성에서 건축 회사를 운영하던 일본인이 1930년에 지은 집이다. 광복 후 미군정청에 의해 적산으로 인수됐고, 1960년대에 현재 건축주 가족이 매입해 2018년 초까지 직접 거주하다가 리모델링을 의뢰했다. 건축주는 건물을 잘 보존할 수 있는 방식으로 상업 공간을 조성해 운영하고자 했다. 리모델링 과정에서 유년 시절의 기억이 있는 집을 과도하게 변형하길 원치 않으면서도 불편한 방식을 감수하는 전통의 보존은 반대했다. 우리는 한식과 일식, 서양식의 우열 없이 준공 당시의 건축적 특징이나 보기 드문 혼종적 경향 그리고 거주 과정에서 기억의 단초가 될 만한 것들은 보존하거나 복원했다. 각 시대의 생활상을 반영해 변용된 건축적 장치들의 원형을 추적하고, 동시대적 요구를 함께 고려해 리모델링했다.

감: 주택의 혼종적 성격이 미장에서는 어떻게 드러나는가?
-

정: 외벽을 이루는 재료의 단면을 보면 일식과 양식이 혼합되어 있다. 안에서 밖으로 여러 겹의 회벽(또는 사벽1)), 가축 털을 넣고 이긴 회반죽, 황토 미장, 지푸라기를 넣고 이긴 황토, 목재 살대, 와이어메쉬 모르타르 미장, 모르타르 떼붙임, 노란색 도장 순으로 레이어가 덧대어져 있는데 안과 속을 전통 일본 건축의 방식으로 채웠다면, 바깥쪽으로 와이어메쉬를 대고 시멘트 모르타르를 덧발라 울퉁불퉁한 면을 만든 후 그 위에 노란색으로 도장을 한 표피 부분은 서구의 양식이다. 내부 마감도 유사하다. 내벽은 회벽 미장이지만, 벽체와 바닥 마감으로 아라이다시(콩자갈 물씻기) 등의 전통 일본식이 아닌 서구식 타일 재료를 사용했다.

감: 울퉁불퉁한 질감을 가진 노란색 외장이 상당히 독특하다.

정: 노란색 떼붙임 미장면을 특정 양식으로 보긴 어렵지만, 흥미롭게도 청파동 일대에서 같은 미장이 적용된 주택을 여럿 발견했다. 이 건물의 형식을 주변에서 반복적으로 사용한 것으로 추정된다. 청파동 주택이 건설 회사 부사장의 사택이었던 것, 이 형식을 주변에서도 반복적으로 사용했다는 것을 미루어볼 때 당시 서구에서 영향을 받은 노란색 미장 칠을 한 가옥에 대한 어느 정도 공감대가 있었다는 것을 유추할 수 있다.

감: 구조 보강 후 내외부 벽체를 복원하는 과정에서 미장 작업을 진행했다. 이 프로젝트에서 미장은 어떤 역할을 한다고 보는가?
-

정: 아무리 구조를 제대로 복원해도 칠 한 번 잘못하면 다 허망한 일이 된다. 그렇기에 어떤 태도로 미장에 접근할 것인지가 가장 중요한 과제였다. 표피를 어디까지 칠할지, 어떻게 드러낼지, 새것처럼 보이게 할지 혹은 옛것처럼 보이게 할지 등 기준을 세우는 일이 핵심이었다. 보존과 복원이라는 큰 주제 안에서도 어떤 것을 남길지에 대한 긴밀한 판단이 필요한 것처럼 미장도 마찬가지다. 온전한 면이 있는가 하면 새롭게 칠해야 하는 면도 있다. 기존 것과 새것 사이의 경계를 어떻게 표현할지가 관건이었다.

감: 시공 범위가 넓은 현장인 만큼 다양한 미장을 구현했다. 영역마다 주안점을 둔 부분에 대해 설명해 달라.

-

정: 먼저 외벽 미장은 철거한 부분 주변의 울퉁불퉁한 면과 다른 평평한 시멘트 마감을 전체적으로 일관성 있게 통일시키는 작업이 필요했다. 외벽의 손상된 부분과 외벽 철거 주변의 탈락한 부분을 와이어메쉬로 보강하면서 모르타르 미장면을 만들었다. 그다음 떼붙임 미장을 서측 벽체의 철거 벽면 주변과 동측 눈썹치마 상부, 남측 2층 주변 벽체 등 곳곳에 적용했는데, 중요한 것은 기존 떼붙임 미장과 비슷한 형태와 색을 구현하는 일이었다. 리노베이션 과정에서 모든 면을 새롭게 도장할 수도 있지만, 기존 미장면을 드러내는 일에 의미가 있다고 생각했다. 비록 기존 도장 면도 새롭게 한번 덧칠한 것으로 원형 그대로는 아니었으나 그 나름의 시기적 가치가 있다고 봤다.

내부는 기술적으로 우수한 기존 사벽, 즉 벽체에 해당하는 부분을 최대한 남기고 보완이 필요한 부분만 초벌 미장 후 스크래치 문양을 가미하거나 고스리 미장[2] 후 모르타르 미장으로 보충했다. 이 단계를 거치고 퍼티 작업으로 벽체 면을 평활하게 만들어 마무리했다. 모든 내부 목재 칠은 준공 당시 원형의 나무색을 찾는 방식으로 여러 번의 테스트를 거쳐 수성 스테인 등을 적절히 활용했다.

석축 선의 경우는 외벽 미장과 유사한 태도를 취해 기존 것과 새것을 이질감 없이 연결하는 데 주안점을 뒀다. 지하 석축 사이 모르타르가 누락된 부분과 서측 하부 미장 마감 후 주변의 석축 모양을 연장해 손상된 벽체에 선형 미장 작업을 하고, 기존 석축 모양을 확장하거나 아궁이가 있었던 부분의 벽체에도 적용해 하부의 재료에 통일감을 줬다. 특히 동측 외부 창턱 하부와 축대 사이의 미장이 손실되어 약간의 경사를 주면서 5cm 정도의 각진 미장 처리를 했다.

감: 미장을 하기에 가장 까다로운 부위는 어디였나?

-

정: 굴뚝과 지붕이다. 지붕을 교체하는 과정에서 벽돌 주변 미장이 상당히 손상된 것을 발견했고, 굴뚝의 누수 문제도 있었다. 기존 굴뚝 하부의 사방에 10cm 정도 높이와 10~15cm의 폭으로 된 미장 마감을 진행해야 했는데, 코너의 각을 살리면서 새로운 지붕재 사이에 누수가 발생하지 않게 시공하는 게 관건이었다. 지붕 교체 과정에서 지붕 하부에 방수 시트를 깔고 지붕 끝선과 벽체 상부가 만나는 부분을 높이 10cm 정도로 전체 미장을 했다. 기존 시멘트 기와는 들뜨지만, 새로운 스페인산 돌기와는 지붕 바닥과 밀착된 구조이기 때문에 요철이 있는 벽체 마감과 경계를 형성해야 하는 부분이 있었다. 이에 경계 부분은 가로 240cm, 세로 10cm의 합판을 가지고 평평하게 미장면을 마무리했다. 선룸 경사면의 지붕과 만나는 2층 테라스 바닥은 밖으로 물이 흐를 수 있도록 경사를 만들어 방수 미장을 했다.

감: 미장 작업의 순서는 어떻게 되나? 일반적인 현장에서와 차이점이 있었다면.

-

정: 미장 작업에 특별히 정해진 순서는 없다. 프로젝트마다 판단에 따라 조금씩 다른데, 어떤 경우는 미장으로 틀을 잡아놓고 시작할 때가 있는가 하면 마감까지 마친 후 미장으로 마무리를 할 때도 있다. 우리 현장만의 특수한 상황은 아닐 것이다. 부분별로 최상의 퀄리티를 내는 데 주안점을 두기 때문에 작업 순서가 고정되어 있지는 않다. 청파동 주택도 순서를 고집하기보다 영역별로 미장을 어떻게 구현할 것인지를 주요하게 고민했다.

감: 미장은 특히 시공자와의 긴밀한 협업을 요한다. 협업 과정이 어땠는지 궁금하다.
-

정: 일반적으로 미장을 진행할 때 미장공이 가진 솜씨의 수준을 정확히 알지 못하기 때문에 "이렇게 해주세요"보다는 "어떻게 하실 수 있나요?" 하고 먼저 물을 때가 많다. 그러면 미장공마다 어떻게 할 수 있는지를 이야기하는데, 우리는 그 안에서 디테일을 제안한다. 능력치 안에서 방향성을 찾아가기 위함이다. 미장은 어떤 경우에는 완전히 손맛이기 때문에 수평을 잘 잡는 사람이 있는가 하면 수평은 못 잡아도 모양을 예쁘게 잘 내는 사람이 있다. 단순히 면을 평평하게 만드는 작업이라면 작업자와 상의할 부분이 많지 않지만, 청파동 주택처럼 미장이 큰 비중을 차지하는 리모델링 작업을 할 때는 많은 대화가 필요하다. 이번 작업에서는 시공 관리를 담당한 공간모색연구소의 지연순 실장이 찾은 김윤재 미장공과 함께 했는데, 실력이 굉장히 좋은 분이었다.

감: 기존 미장 재료와 방식을 유추해 복원하는 작업에도 에이코랩만의 관점과 접근이 담겨 있다.
-

정: 우리의 기준을 하나의 언어로 이야기하기는 어렵지만, 작업 전반에서 건축가의 언어를 드러내지 않으려 했다. 가령 외벽 미장을 새로 칠한 부분은 티가 나기 마련인데, 멀리서 보면 무엇이 기존 것이고 새것인지 구분하기 어렵다. 그 경계를 의도적으로 흐린 까닭이다. 관념적 의도를 가진 건축가였다면 그 경계를 모호하게 두지 않고 파란색으로 도장을 하는 등 건축가의 개입이 명확히 드러나게 했을 것이다. 하지만 우리는 건축의 의도성을 덜 드러내고자 했다. 건축가가 개입한 작업이 아닌 것처럼 보이도록 하는 게 우리의 목표였기 때문이다.

감: 최근 청파동 주택의 복원 및 리모델링 과정을 담은 아카이빙북『나이층』을 펴냈다. 이 프로젝트에서 아카이빙은 어떤 의미인가?
-

정: 우리가 지금껏 접해온 일식 가옥을 떠올려 보면 문화재처럼 큰 자원을 들여 복원하거나 과도한 리모델링으로 기존 흔적을 지우는 경우가 다반사였다. 그런가 하면 대부분의 일식 가옥은 그 존재가 인지되지 못한 채 어느 순간 사라지기도 한다. 일식 가옥 중에 우리가 전통적으로 가치 있다고 생각하는 유형이 매우 한정적이다. 하지만 청파동 주택처럼 거주자의 여건과 상황에 맞게 고쳐 쓴 집도 많은 이야기와 시간을 품고 있다. 그렇게 동시대성을 조금씩 반영하며 진화하듯 살아남은 일식 가옥도 존재한다는 걸 보여주고 싶었다. 동시에 그 과정에서 건축가는 어떤 태도였고 왜 그래야만 했는지에 대해서도 적극적으로 이야기할 필요가 있다고 느꼈다. 리모델링 전후 사진만으로는 작업의 태도를 파악하기 어렵지 않나. 결과적으로 우리 사회에서 청파동 주택과 같은 집들을 어떻게 받아들일지 함께 생각하고, 그 과정에서 건축이 지식과 경험을 공유하는 장소임을 경험하길 원했다.

감: 미장을 비롯해 작업 전반에서 전하고자 한 메시지는 무엇인가?
-

정: 미장에는 간절함이 있다. 제약 없이 값비싼 재료를 쓸 수 있다면 미장에 큰 공을 들이지 않을지도 모른다. 그런 재료를 사용하고 디테일을 구현하기 어려우니 가장 저렴한 시멘트로 문양을 만들고 장식을 하는 것이 아닐까. 청파동 주택이 지어지고 변화해 온 과정에 여러 간절함이 묻어 있다. 우리는 단지 우리의 간절함을 덧대는 일을 할 뿐이다. 그렇기에 작업 전반에 있어서는 완결자적 태도를 취하지 않기 위해 노력했다. 완벽한 것을 만들었다고 선언하는 어떤 태도에서 현대 도시와 건축의 문제가 비롯된다고 보는데, 100년 남짓한 역사를 가진 이 집을 '완성'하는 것이 아닌 '통과'하는 건축적 태도를 보여주는 것이 중요한 과제였다.

감: 앞으로 도전해 보고 싶은 미장이 있다면?
-

정: 미장을 영어로 번역하면 plastering(플라스터링)인데 작업 현장에서의 미장은 번역어와 1:1로 대응하지 않는다고 본다. 미장은 아름다울 '미(美)'에 장인의 '장(匠)'을 합친 용어로, 아름답게 만드는 기술을 뜻한다. 수평을 잡고 면을 만드는 일부터 모양을 내는 일까지, 다양한 미적 마무리 작업을 통칭해 미장이라고 부른다. 그렇기에 아주 사소한 행위이자 기술처럼 보이지만 건축 안에서 가장 미적이고 장식적인 영역에 속하기도 한다. 근대화 시기에 미장공들은 자신이 보았던 수많은 전통 문양과 장식을 미장으로 구현하고는 했다. 전통 재료를 사용할 수 없으니 양각과 음각을 내어서라도 오래된 문양을 만들고자 한 간절함이 있었던 거다. 요즘은 수요가 없어 기술자들이 다 사라졌지만, 간혹 남아 있는 미장을 보면 간절한 아름다움이 묻어난다. 언젠가는 그 사라진 미장공들의 아름다운 문양을 재현해 보고 싶다. 간절함이 없는 시대에 간절한 장식을 표현하는 일에는 어떤 의미가 있을까?

1) 사벽: 모래와 흙을 섞어서 바른 벽
2) 고스리 미장: 시멘트와 물을 배합한 것으로, 거친 면을 만들어 접착력을 높이는 작업이다.

정이삭
정이삭은 동양대학교 교수이며, 에이코랩건축사사무소 대표 건축가다. 다양한 건축 작업과 연구를 하며, 건축 및 현대 미술 전시에 기획자나 작가로 참여했다. 저서로는 『예술이 말하는 도시미시사』, 『하이퍼폴리스』, 『동시대 예술과 변이하는 계획들』, 『할 수 있을 때까지, 원인동』 등이 있다.

Interview

STO를 변주하다: 어파트프롬댓 플래그십 스토어

이승호 스튜디오승호 대표,
고병환 마피코퍼레이션 대표

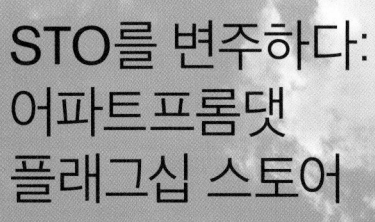

서울 연희동 어귀, 검은 숯덩이를 연상케 하는
강렬한 건물은 패션 브랜드 '모던애니멀'이 론칭한
'어파트프롬댓'의 플래그십 스토어다. 해당 건물은
1995년부터 오랫동안 자리를 지켜온 '태양하숙'을
리노베이션한 것으로, 태양하숙이 지니고 있던
세잎클로버 형태의 테라스를 보존함과 동시에, 수직
증축을 통해 5층 규모의 사옥으로 거듭났다. 고즈넉한
동네에 오로지 튀어보고자 검은색 건물을 지었다고
생각하면 오산. 건물 곳곳에는 브랜드 고유의 정체성과
성격을 건축과 공간에 반영하기 위한 건축가의 노력이
담겨 있다.

-
인터뷰 **박지일**
사진 **김한얼**

감씨(감): 건물의 상부와 하부를 대비되는 색상으로 마감했다. 시각적인 것 이상의 다른 의도가 있었나?
-

이승호(이): 지상과 지하의 경계가 모호한 한 개 층을 포함해 4층 건물 전체를 리노베이션하는 작업이었다. 벽돌 구조의 한 개 층을 제거하고 위로 2개 층을 증축했는데, 하단부는 곡선이 강조되고 상부층은 심플한 매스로 구성됐다. 특별한 의도보다는 건물의 기존 부분과 증축된 부분의 각기 다른 어휘를 강조하고자 이를 색으로 구분한 것이다. 색상 구분 없이 하나의 톤으로 건물을 완성하는 것이 애초의 계획이었지만, 공정이 진행되는 과정에서 건축가와 클라이언트 모두 일관된 톤으로 가기보다는 상업시설로서 조금 더 명료한 지점이 필요하다는 일치된 의견을 내놓았다. 이에 상업시설인 점을 고려해 조금은 특별한 요소를 반영하기로 결정했고, 콘크리트의 물성을 더욱 드러내야겠다고 계획했던 것과는 달리 건물이 가진 강한 조형 어휘를 고려해 색상은 보다 친숙하고 보편적인 투톤으로 건물을 연출했다.

감: 콘크리트의 물성을 드러내고자 했다면 노출콘크리트를 쓰는 것이 효과적이지 않나?
-

이: 리노베이션 프로젝트인 만큼 공사기간 및 현장 여건을 고려했을 때 콘크리트의 타설이 쉽지 않았다. 노출콘크리트 미장도 있지만 원하는 방식은 아니었다. STO측과 의견을 교환하고, 건물에 적용해 볼 만한 샘플을 제작하면서 그나마 가장 유사한 톤을 찾을 수 있었고, 그 정도의 수준에서 공사를 진행하려는 계획을 세웠다. 그러나 그 시기에 때마침 우리가 디자인한 비슷한 느낌의 검은색 외관을 가진 프로젝트가 완성됐다. 건축주 또한 외관의 톤에 대해 많이 고민하던 시점이었던 만큼, 검은색 외관을 제안했는데 다행히 합의가 잘 됐다.

고병환(고): 미장 단계에서 노출콘크리트의 물성을 강조하고자 많은 테스트를 거쳤지만, 정확히 일치하는 콘크리트의 느낌을 얻지 못했다. 색상이나 질감 등 여러 부분에서 진짜 콘크리트를 대체하기는 다소 어려웠다.

감: 작업에서 어떤 점을 가장 중요하게 고려했나?
-

이: 실제 텍스처를 위해 샘플을 제작하기도 했지만, 가장 민감하게 본 것은 색상이다. 공장에서 색깔을 제조해서 가져오지 않고 현장에서 흰색 통에 잉크를 넣어 직접 색상을 제작했다. 원색을 희석하고 혼합하는 과정에서 색이 자주 왜곡되고, 특히 검정 계열일수록 더 많은 손길이 필요하기 때문이다.

고: 짙은 회색이나 흰색은 우리나라에서 소비가 잘 되는 색상이다. 여기서 원색이 점점 짙어지게 되면 반투명한 베이스를 사용해야 한다. 거기에 조색을 거쳐 원색의 마감재가 만들어지는 식이다. 그러나 한국에는 다양한 색상을 찾는 수요가 거의 없기 때문에 흰색의 베이스만 수입된다. 원색으로 갈수록 제작이 힘들어지는 이유다.

어파트프롬댓-모던애니멀HQ (2024)
-
위치: 서울시 마포구 연희동
연면적: 486m²
설계, 감리: 스튜디오승호+OFNN
미장 시공: 마피코퍼레이션

양감에 따른 변화를 위해 샘플 작업에 많은 공을 들였다. 또한 검은색 외관의 색상을 강조하기 위한 색 배합도 중요했다. ⓒ스튜디오오승호

감: 구현하고자 한 질감은 어떤 느낌인가?
-

이: 일일이 사람의 손을 거친 공예적인 느낌을 강조하고자 했다. 작업자의 손이 반복적으로 움직이며 만들어진 자연스러운 패턴은 건물에 양감을 만들어 내는데, 그 점에 매력을 느꼈다. 개인적으로 종석뜯기처럼 손맛이 느껴지는 작업을 선호하지만, 스타코나 드라이비트 등으로 표현할 수 있는 질감에는 분명한 한계가 있다.

고: 작업자가 직접 샘플을 만들어야 시공 현장에서도 같은 수준의 결과를 얻을 수 있기 때문에 샘플 제작도 외주에 요청하지 않고 우리가 직접 한다. 드라이비트와 STO는 들어가는 자재의 차이가 있지만 큰 틀에서 단열재를 붙이고 메쉬로 감고 마감하는 동일한 순서다. STO가 최근 특화된 지점이 있다면 그 차이는 마감에 있다. 거칠거나, 굽거나, 손맛이 느껴지거나 혹은 반대로 정말 매끈하거나 등. 건물의 외관을 표현하는 데 다양한 변주가 가능하다. 10년 전후로 STO의 마감재 종류가 무척 다양해졌고, 이후 건축가들이 연락이 많아졌다.

감: 다른 방법과 달리 특별히 STO를 사용한 이유도 있나?
-

이: 모든 프로젝트가 그런 것은 아니지만 리노베이션의 경우 시간을 단축하는 것이 중요한 과제다. 오래된 건물일수록 단열 설비가 취약하고 최근의 기준과도 차이가 있다. 미장과 단열을 한번에 빠른 속도로 시공해야 하는 작업인 만큼 STO를 시공하는 것은 자연스러운 선택이었다. 이를 대체할 수 있는 선택지도 많지 않았다. 사실 STO를 선호하는 편은 아니다. 공사비 증가 이슈도 있고, 페인트 감성처럼 느껴져 개인적으로 좋아하는 감도는 아니다. 그러나 이번 작업을 통해 자세히 들여다보니 몇 가지의 패턴만 바꾸면 빛에 따라 양감이 생기는 게 흥미로웠다. 제품에 따라 텍스처가 다르게 느껴진다는 점에서 활용 가능성이 있을 거라 판단했다.

감: 미장은 작업자의 역량이 중요하다. 현장에서는 어떤 소통의 과정이 있었나?
-

이: 그 지점이 STO를 선택한 가장 큰 이유다. 미장은 사람이 손으로 하는 일인 작업인 만큼 작업자 손의 압력이나 사용하는 도구들이 각기 다르기 때문에 완성된 결과물을 보면 천차만별이다. 과거에 진행한 프로젝트만 봐도 작업자의 역량에 따라 미장 결과물에 큰 차이가 난다는 것을 확인할 수 있었다. 필요한 최소한의 소통은 당연하지만, 건축가로서 작업자의 작업 상태를 매일 체크하지 않아도 된다는 점은 효율의 측면에서 도움이 된다. 공정 하나를 업체에 온전히 맡길 수 있다는 점이 STO의 큰 장점이다.

고: STO는 건축가가 현장에서 일일이 관여하지 않아도 일정 수준의 결과물을 보장한다. 독일 본사에서 직접 제작하는 매뉴얼은 벽체나 엣지 부분의 디테일이 굉장히 섬세한데, 그 완성도는 제품의 처리 방식과 각종 부속 제품에서 기인한다. 국내에도 미장 시방이 있지만 STO만큼의 시공 완성도를 보장하지 못한다.

감: 그 원인이 어디에 있다고 보는가?
-
고: STO에서 사용하는 자재들을 개별적으로 구할 수 없기 때문이다. 일반적으로 자재를 구하고 그에 맞는 작업자가 따라가는 방식이라면, STO의 경우는 자재와 작업자를 하나로 구성한다. 그런 까닭에 작업자를 섭외해 현장에서 관리하는 데 중점을 두는 방식을 주로 택하는 건설사에서는 STO를 그다지 선호하지 않는다. STO는 계약 내용에 현장 관리가 포함되어 있다. 그런 만큼 비슷한 방식의 다른 시스템에 비해 상대적으로 고가일 수밖에 없다. 과거에는 STO를 사용하고 싶어도 높은 비용 때문에 망설이는 현장이 많았지만, 최근 자재와 공사비가 급격하게 상승하면서 비용 격차가 많이 줄어들며 STO를 선택하는 현장이 많이 늘어났다.

감: 이야기한 것처럼 STO의 제품은 가격대가 높다고 알려져 있다. 어떤 점에서 비용이 소요되나?
-
고: 일례로 외단열의 주자재인 단열재는 수입사가 계약한 공급업체에서 7주 이상 숙성시킨 제품으로만 공급받는다. 이외에도 본딩부터 메쉬, 메쉬를 감는 모르타르, 마감재 및 도장, 여기에 필요한 도구 등까지 모든 제품을 수입사로부터 공급받는다. 일각에서는 보이지 않는 곳에 다른 제품을 사용하고 마감 및 도장 작업에만 STO 제품을 사용하면 비용을 낮출 수 있다고 이야기하지만, 이는 시스템상 불가능하다. 자재는 본사 시스템에 프로젝트가 등록된 후에 들여오게 되는데, 자재가 제대로 사용되고 있는지 모든 과정을 수입사와 지사에서 관리한다. 무작위로 현장을 방문해 감독하고 부정 행위가 확인되면 페널티도 부여한다.

이승호
영원성, 보편성, 숭고함을 지닌 고전건축에 관심을 두고 있으며, 변주 속에 고유함을 찾아 기하학적 구조를 안착시키는 건축을 지향한다. 클라이언트와 많은 대화를 나누면서 건축의 여러 요건을 반영해 예견된 방향으로 프로젝트를 안착시키는 한편, 공예적 이해와 기법으로 새로운 감각을 짓는 젊은 건축가다.

고병환
STO사의 '의식 있는 건축' 이념 아래, 목적에 맞는 시스템을 제공하고 변화하는 건축디자인의 이해와 그를 충족하는 마감을 개발하고 시공한다.

Interview

공간으로 실천하는 철학: 페셰

이우열 페셰 대표

이탈리아어로 'fish(어류)'를 의미하는 페셰PESCE는 해양 환경에 주목하는 라이프스타일 브랜드다. 해변을 청소하고 난 후 서핑을 하는 'OCEAN TRASH, NO MORE' 캠페인을 중심으로 소비자의 참여를 이끌며 환경 보호 활동에 적극적으로 앞장서는 것으로 잘 알려져 있다. 지난 2023년, 이들은 서울시 용산구의 어느 오래된 건물을 사무실로 사용하고자 리노베이션했다. 인상적인 지점은 건물의 내외부를 모두 생태미장으로 마감했다는 것. 이 공간에서는 다소 느리더라도 환경과 발맞추어 나아가겠다는 이들의 단호한 의지를 엿볼 수 있다.

인터뷰 구자영

PESCE OFFICE (2023)
-
위치: 서울시 용산구 효창원로 39
면적: 56.1m²
미장 시공: 페인트닥터

감씨(감): 페세는 어떤 브랜드인가?
-

이우열(이): 해양 쓰레기 문제 해결에 목소리를 내며 활동하는 서핑 기반 라이프스타일 브랜드다. 해변에서 쓰레기를 줍는 '비치클린'으로 시작, 일회용컵 보증금제 촉구를 위한 컵 줍기 등 브랜드 행동주의brand activism로 '직접 실천하는 행동'을 추구하며 환경 보호 활동에 앞장서고 있다. 그와 더불어 업사이클 제품을 만들거나, 기업 브랜딩 및 콘텐츠 제작을 하기도 한다.

감: 업무 공간을 생태미장과 천연 페인트로 꾸몄다. 특별한 이유가 있나?
-

이: 활동할 때마다 해양 쓰레기 문제의 원인을 생각하는데, 돈과 효율을 추구하는 끝없는 경쟁이 환경을 파괴한 주요 원인이라는 결론에 도달하고는 한다. 이런 문제의식을 갖고 있는 상황에서 효율만을 좇는 선택을 택하는 것은 옳지 않다고 느꼈다. 그 결과, 비용이 더 들더라도 폐기물 발생과 오염을 최소화하는 방향으로 나아가는 것이 맞다고 판단했다.

감: 공간을 기획하는 과정에서 환경을 생각한 점이 인상적이다. 가장 큰 도전은 무엇이었나?
-

이: 금전적인 부분이었다. 일반적으로 우리나라에서 인테리어 디자인은 한 달에서 두 달 내에 완성되지만, 우리는 네 달 동안 공사를 진행하며 가구를 찾아다니는 데에 많은 시간과 비용을 들였다. 특히, 생태미장 작업에 전체 공사 비용의 절반이 투입될 정도로 비용 부담이 컸다. 화학 재료를 사용했다면 비용이 크게 줄었을 것을 알기에 고민이 깊었지만, 결국 환경을 고려한 선택을 해야겠다고 마음먹었다.

감: 건물 외부에는 '아라이다시 시아게(洗い出し仕上げ)' 미장 기법이 적용됐다. 독특한 미적 효과를 창출한 듯한데. 이러한 선택이 공간의 전반적인 분위기 형성에 어떻게 기여했나?
-

이: 매력적인 외관 형성에 기여했다고 생각한다. 외관 디자인은 내부와 일맥상통해야 한다고 생각했다. 겉은 클래식하지만 내부 디자인이 조화를 이루지 못한 사례에서 아쉬움을 느낀 적이 많았다. 공간 역시 외부와 내부의 맥락이 맞아야 한다고 생각한 만큼, 파사드 자체가 멋있어야 한다고 판단했다. 또한 외관만으로도 사람들에게 궁금증과 매력을 불러일으키길 바랐다. 외부에 간판이나 빛 가림막을 설치하지 않은 것도 이러한 이유에서다. 그렇기에 재료 본연의 아름다움을 강조하고 싶었다. 사람들이 밖에서 이곳을 보고 공간에 대해 궁금해하고 심미적인 만족감을 느낀다면 그것으로 충분하다고 생각했다.

'아라이다시 시아게(洗い出し仕上げ)' 미장 기법은 이 생각을 실현시키는 데에 중요한 역할을 했다. 이 기법은 초벌바름 작업을 마친 후 천이나 수세미에 물을 묻혀 겉을 닦아냄으로써 돌 알갱이를 드러낸다. 샘플을 처음 봤을 때, 드러난 돌 알갱이가 자아내는 군청색, 갈색, 초록색 등의 빛깔과 색감이 너무나 예쁘다고 생각했다. 멀리서는 보이지 않다가 가까이에서 보이는 매력이 특히 인상적이었다.

감: 실제로 건물 외관을 보고 내부의 모습을 궁금해하는 이들이 있나?

-

이: 사무실 앞을 지나던 행인이 공간의 외부를 보고 인테리어에 대해 물어보는 경우가 종종 있다. 외부 미장 기법을 궁금해하는 것이다. 나아가, 왜인지는 모르겠지만 멋지다는 이야기를 듣기도 한다. 대부분의 사람들이 자신에게 미적 감각이 없다고 판단하지만, 현대인은 미디어를 통해 좋은 걸 많이 봐 왔기 때문에 좋은 게 무엇인지 안다. 다만 그것을 조합하거나 만들어내는 방법에 익숙하지 않을 뿐, 좋은 것을 보는 능력은 다들 갖추고 있다고 생각한다. '뭔지는 모르겠지만 내 스타일이야'라고 생각하는 사람들은 직접 문을 열고 들어와서 물어보는 게 아닐까.

감: 이런 미장의 활용이 실용적 측면에서 기여한 면도 있는가?

-

이: 실내 공기가 깨끗해진 데에 기여했다. 어딘가로 이사를 가거나 새로운 공간에 들어섰을 때 페인트나 본드에서 나는 냄새를 맡으면 두통을 호소하던 사람도, 처음 이 공간이 오픈했을 때 들어오자마자 공기가 좋다고 말한 바 있다. 분명 인테리어 작업을 새로 한 곳임에도 냄새가 나지 않고 공기가 좋다는 걸 느낀 것이다. 그때 나도 비로소 천연 재료의 힘을 실감했다. 공간 작업이 한창일 때 천연 재료를 공부한 바 있다. 재료가 들어있던 통을 물에 씻은 후 그 물을 논밭에 버려도 전혀 문제가 없다는 사실을 접했는데, 자연에서 비롯된 소재라 가능하다는 점을 깨달았다.

감: 폐교에서 뜯어온 마루, 중고 가구 등을 활용해 공간을 꾸몄다. 이러한 요소는 환경친화적이라는 점 외에도 공간에 어떤 감성을 더하고 있는가?

-

이: 처음부터 바닥은 반드시 폐교 마루로 깔아야겠다고 생각했다. 외국에서 경험한 좋은 공간의 감성과 한국에서 흔히 말하는 좋은 공간의 느낌이 다르다고 느꼈기 때문이다. 한국의 공간은 이용자의 마음을 편안하게 품어주는 느낌을 받기 어려운 경우가 많았는데, 그 이유가 바닥에 있다고 생각했다. 나무는 다른 요소들을 포용하는 소재라고 생각한다. 폐교 마루는 프랑스나 이탈리아 여행에서 머물렀던 숙소의 오래된 바닥처럼, 걸을 때마다 삐걱거리는 소리로 공간에 따뜻하고 정겨운 감성을 더해줬다. 폐교 마루만의 투박한 느낌이 여행 중 경험했던 좋은 감성과 닮아 있다고 생각했다.

감: 폐세의 공간은 환경 보호와 지속가능성을 공간적으로 구현한 좋은 사례인듯 하다. 이러한 공간을 통해 폐세가 전하고자 했던 메시지가 있다면?

-

이: 두 가지로 이야기할 수 있겠다. 첫 번째는, 환경 활동도 멋있게 해낼 수 있다는 것. 두 번째는 조금 느리고 비용이 들지만 제대로 그리고 환경에 부담을 덜 가하면서도 멋지게 공간을 만들어 낼 수 있다는 것이다. 결국 첫 번째와 두 번째가 서로 이어진다고 할 수 있겠다. (웃음)

감: 환경에 가해지는 부담을 줄이는 것과 더불어, 공간을 설계하고 기획하는 과정에서 중점을 둔 부분을 또 하나 꼽는다면?
-

이: 전반적인 분위기를 깔끔하면서도 균형감 있게 조성하는 데에 집중했다. 사람과 가구가 모두 빠졌을 때, 공간을 이루는 색상이 세 가지를 넘지 않았으면 좋겠다는 생각이 들었다. 그래서 크게는 우드 톤과 무채색 계열의 색상이 공간 전반을 이루고 있으면 좋겠다고 생각하면서 이 공간을 기획했다.

감: 궁극적으로 페셰가 어떤 브랜드로 남았으면 하는가?
-

이: 처음에는 '한국의 파타고니아Patagonia' 같은 브랜드가 되고자 비치클린 활동을 시작했다. 하지만 시간이 지나며 많은 이들이 파타고니아의 본질을 이해하지 못한 채 피상적으로만 소비하는 모습을 보며 회의감이 들었다. 그런 흐름 속에 페셰라는 브랜드가 희석되지 않았으면 했다. 그렇기에 이제는 파타고니아 같은 브랜드가 되는 대신, 파타고니아의 창립자인 이본 쉬나드Yvon Chouinard 같은 사람이 되고 싶다는 생각을 하게 됐다. 그는 암벽 등반 장비가 암벽에 해를 끼친다는 사실을 알고 매출 70%를 차지하던 제품의 생산을 과감히 중단했으며, 전 재산을 환경단체에 기부할 정도로 환경 철학을 철저히 실천했다. 그와 같은 결단력을 닮고 싶지만, 아직 그 정도로 할 수 있을지 확신은 없다. 또한, 쉬나드가 허름한 집에 살고 오래된 차를 타며 소박한 삶을 살아간다는 이야기를 듣고, 그런 삶이 내가 꿈꾸는 모습과 닮아 있음을 느꼈다. 내가 좋아하는 집에 살며 파도가 있을 때에는 서핑하러 가는 단순한 일상을 꿈꾸고 있다. 결국, 파타고니아를 목표로 하기보다 쉬나드처럼 본질적인 가치를 실천하는 사람이 되고 싶다는 생각에 이르게 됐다.

이우열
PESCE(페셰)의 창립자다. 디자이너, 사진가, 영상 제작자로 활동 중이기도 하다. 최근에는 롯데백화점의 업사이클링 프로젝트와 팝업 스토어 제작을 총괄하고, 티맵 모빌리티의 광고 영상을 제작하면서, 기업들이 결과물을 만들 때 환경적 책임을 잘 실천할 수 있는 방향을 제안하고 있다. 환경을 생각하는 기업들과 협력하여 더 나은 제품, 콘텐츠, 공간을 만들어 가는 데에 힘쓰고 있다.

Interview

미장으로 펼치는 예술, 그리고 순환

생태미장 아티스트
유라유라

재료 없이는 성립하지 않는 미장은
자연으로부터 시작됐다고 해도 과언이 아니다.
현장에서의 시공뿐만 아니라 교육, 경영 등을
통해서도 생태미장을 실천하는 이가 있다.
예술인으로서 미장을 처음 접했던 그에게 이제
미장은 삶이자 예술이요, 노동이자 생계다.
생태미장 전문가이자 천연 재료를 기반으로
한 문화예술 교육자로서 활동하는 아티스트
유라유라를 만나 이야기를 나눴다.

-
인터뷰 **구자영**
자료 제공 **페인트닥터**

(좌) 고객의 의뢰로 진행한 작업 <Moss>(2024)의 일부.
(우) <Moss> 작업 착수 전, 고객을 탐구하고 대화를 나누기 위해 방문한 제주 곶자왈의 풍경.
고객에게 의미가 있는 장소라는 점에서 정해졌다고 한다.

감씨(감): 생태미장만의 차별점을 설명해 달라.

유라유라(유): 생태미장은 자연에서부터 비롯된 재료 간의 상호작용으로 이뤄진다. 레진이나 플라스틱이 든 재료를 사용하는 미장은 시공 과정에서 시간에 대한 효율이 높다. 제품의 뚜껑을 따자마자 바르면 되기 때문이다. 재료를 빨리 쓸 수밖에 없게 만들어졌다는 느낌이 들 만큼 빨리 마르고, 초기 강도도 세다. 반면에 생태미장은 그렇지 않다. 합성바인더, 시멘트, 플라스틱 등이 첨가되지 않은 천연 재료를 사용한다는 점에서, 단순히 어떠한 자연 재료 속 물질 간 상호작용에 의해서만 기능하기 때문이다. 예를 들어 식물성 섬유는 모래, 흙, 석회의 입자 등을 연결함과 동시에 수분을 오래 머금는다. 그 과정에서 수분을 천천히 배출하면서 벽이 너무 빨리 마르지 않도록 기능하는 면도 있다.

감: 일반 소비자 가운데에서는 천연 재료의 존재나 중요성을 잘 모르는 고객도 있을 듯한데. 의뢰받은 프로젝트에서 천연 재료를 사용하는 데에 있어 중시하는 것이 있다면 무엇인가.
-

유: 고객과의 의사소통에 특히 신경을 쓴다. 물론 천연 재료를 씀으로써 공간에서부터 순환을 이끌어내고 의뢰인에게 뿌듯함을 안겨주는 것도 중요하지만, 의사소통이 얼마만큼 상호 간에 수용적이고 내밀하게 이뤄졌는지에 따라 작업 만족도도 달라지기 때문이다. 고객이 중시하는 것이 있다면 그 이유는 무엇인지, 그에게 그것은 어떤 의미가 있는지 등에 대해 대화를 나눌 때도 있다. 그러한 의사소통 과정에서 오간 교감을 바탕으로 결과물을 표현하고자 한다.

감: 작업 과정에서 어떤 지점을 고려하는가?

유: 공간의 의도와 연출, 공간을 사용한 이를 염두에 둔 계획을 살피기에 앞서 고객이 지닌 맥락과 서사를 살핀다. 브랜드 운영을 염두에 둔 경우에는 브랜드를 운영하는 이의 맥락과 브랜드의 맥락 모두를 읽고자 한다. 운영자의 철학이 브랜드로 구현이 되었다는 점에서 떨어뜨릴 수 없기 때문이다. 그 외에 미장 작업이 완성된 후 고객이 그 공간에서 어떤 순간을 마주하길 원하는지도 고려한다. 나아가, 공간이 선사하는 아우라를 느끼고, 공간이 위치한 곳이 지닌 이야기를 듣고자 한다.

감: 그렇다면 그 부분에 대한 고민이 어떻게 보면 천연 재료를 선택하는 것에서부터 구체적인 실천이 시작되는 것이라고 볼 수 있는지?
-

유: 생태미장은 과정이 까다로운 데다가 현재 시점으로 이윤이 많이 남지 않는 일이다. 단순히 생계유지만을 위해 선택했다고 하면 지금까지 버티고 있는 것에 대해 설명을 할 수 없다. 고객 스스로 본인이 현명한 선택을 했다고 생각할 수 있게끔 작업하고자 한다. 항균성이나 습도 조절 능력 등 기능적인 강점에서 더 나아가, 공간이 인간의 일상에 선사하는 이로운 지점들, 분위기, 공간 전체가 주는 아우라와 에너지, 나아가 지구 환경 관점에서의 의미성 등도 최대한 느낄 수 있게끔 말이다.

감: 최근에는 소비자가 직접 미장을 시도하는 경우도 많다. 천연 재료의 일반 소비자에 대한 접근성은 좋은 편인가?

유: 생태미장 셀프 시공은 쉽다. 공간을 사용하게 될 이가 직접 시공한다는 측면에서 봤을 때 건강에도 좋다. 천연 재료로 만들어진 미장재는 제품 뚜껑을 열자마자 냄새를 맡음으로써 전혀 나쁘지 않다는 걸 직감적으로 알게 된다. 그리고 본인이 원하는 대로 마음껏 실험해 볼 수 있다는 셀프 시공의 장점에다 건강하게 공간을 꾸밀 수 있다는 장점이 더해진 것이다.

<Moss>

감: '면벽수행(面壁修行, Meditation Facing the Wall)'이라는 생태미장 교육 프로그램을 진행하고 있다. 미장 교육임에도 처음부터 미장을 이야기하지 않는 흐름이 눈에 띄는데. 자세히 설명해 달라.
-

유: 면벽수행은 벽과 공간, 재료 등을 끊임없이 생각하게끔 하는 교육 프로그램이자 나흘간의 생태미장 캠프다. 수업의 목표는 단순히 미장 기술 습득에만 머무르지 않는다. 천연 재료만으로 공간을 마감하는 근본적인 원리를 이해하고 자연과의 연결을 감각하는 것, 나아가 스스로 발견하고 표현하는 과정을 통해 무한히 확장하고 응용할 수 있는 바탕을 구축하는 것이 목표라 할 수 있다. '나'에 대한 탐구에서 시작해 이 세계로 연결되는 순환을 경험하는 것이다. 이후 본격적으로 미장의 역사, 미장재 구성 요소와 배합, 동서양 미장, 지구와 지질 및 탄소의 순환, 플라스틱과 시멘트 산업, 색채학 등의 이론 수업과 도구 사용법, 재료 계량법, 미장재 제작법, 미장법, 색채 활용법 및 마감법 관련 실습을 진행한다. 우리가 만지고 다루는 이 재료가 지구에서 오랜 시간 생명체들이 쌓아올린 결과물이면서 삶의 재료이기도 하다는 점을 짚기 위해 이러한 흐름으로 커리큘럼을 기획했다.

예술은 결국 저마다의 고유한 세계가 각자만의 필터를 거쳐 세상에 드러나는 일이다. 면벽수행은 한 사람의 예술가로서도 그렇겠지만 예술 교육자로서 저마다의 고유한 개성과 감각을 발현시킬 방법을 고민하던 지점에서 출발한 교육이다. 동시에, 내가 살아온 맥락과 서사를 모두 담아낸 작품이기도 한 면이 있다.

감: 페인트와 미장재 모두 어딘가에 바른다는 점에서 공통점을 지니지만 결국 다르다. 페인트와 비교했을 때 미장재만의 차이점이 있다면?
-

유: 미장재는 인간의 삶의 근간을 함께해 온 재료다. 인류에게 있어 벽이 생기기 전과 후의 삶은 전혀 다르다. 동굴에서만 살던 인류는 먹이를 구하기 위해 물가로 진출하는 과정에서 처음에는 기둥과 지붕만 있는 형태의 집을 만들었다. 그러다가 만들어낸 것이 바로 벽이다. 그전까지 집은 은신을 하거나 잠을 자기 위한 용도로만 쓰였다. 그러다가 땅을 파는 데에서 한 걸음 더 나아가 벽을 세우면서부터 인류는 많은 것을 시도하고 상상할 수 있게 되었다. 벽을 더 단단하게 만들면서 빈틈을 없애고, 바람이 새지 않게 만들었다. 그렇게 지금까지 전 세계 모든 인류가 각자의 지역에서 나는 재료로 자신이 할 수 있는 방식들로 그렇게 벽을 구성해 온 것이다.

이렇게 벽을 구성하는 행위 자체가 사실은 미장이다. 거기서부터 도료가 점점 더 곱고 좋아지는 식으로 발전했다는 점에서, 플라스틱으로 만들어진 페인트 이전에도 충분히 천연 재료로서의 페인트 마감이 있었다. 우리나라에서도 회칠을 하거나 흙으로도 물감을 만들어서 벽을 칠했듯 말이다. 페인트의 개념은 사실 미장이라는, 벽을 세우고 만드는 것에서부터 벽을 점점 더 기능을 강화하고 그 기후에 맞게 적응하는 인간의 노력이 담긴 행위였던 것이다. 페인트는 그 미장에 속한 작업이자 제일 마지막 단계라 할 수 있다. 우리의 살이 맞닿는, 이 공간의 피부를 마감하는 것이 페인트였던 것이지 페인트와 미장이 원래 분리되는 어떤 개념이 전혀 아니었다는 말이다.

생태 미장 아티스트 유라유라의 흙손.

감: 예전에 "천연 미장과 천연 페인트에 대한 관심을 어떻게 이끌어야 할지 고민"이라고 한 바 있다. 그 실마리는 찾았는가? 나아가 현재 고민하고 있는 것이 있다면?

-

유: 실마리를 찾았는지는 잘 모르겠다. (웃음) 하지만 점점 더 많은 이들이 생태미장을 궁금해하고 있다는 걸 느낀다. 플라스틱을 최소화하는 선에서 공간을 꾸리고자 하는 브랜드도 늘고 있다는 데에 희망을 갖고 있다.

생태미장을 업으로 삼겠다고 결심한 이들의 마음이 쉽게 포기되지 않을 만한 환경을 만들기 위해 내가 할 수 있는 것이 무엇인지 고민하게 된다. 하지만 지금 우리나라의 현장은 그 결심의 가치를 갖춰주고 먹고살 만하게끔 뒷받침해주지 못한다. 미장공으로서 본격적으로 활동하기 위해서는 시공 현장에서 경험을 쌓으며 오랫동안 공부해야 한다. 하지만 현장에 투입되자마자 바로 일당을 받는 만큼의 역할을 해내기란 쉽지 않다. 그렇기에 최대한 좋은 일당을 지급하면서도 현장 교육을 이어갈 수 있게끔 노력하고 있다. 더불어, 고객의 요구 사항과도 잘 수렴하는 지점을 만들고자 한다. 현장에서 요구하는 공사 기간을 맞추면서도 결과물의 품질을 유지해야 하는데, 그 과정에서 교육을 동시에 진행한다는 것은 고객과 수강생 모두에게 어려울 수 있다.

감: 생태적인 관점에서의 미장의 전망을 어떻게 보는가?

-

유: 지구 전체의 역사를 비추어 봤을 때, 시멘트나 석유, 플라스틱 등을 활용하기 시작한 지는 300년도 채 되지 않는다. 산업화를 거치는 과정에서 효율성을 위해 플라스틱이나 석유 정제물로부터 페인트 재료를 사용한 것이다. 사용하기 쉬우면서도 빨리 마르고, 평평하게 펴 바르고, 누구든지 쉽게 칠할 수 있게끔 뚜껑을 열고 휘저을 수 있는 형태로 발전해 온 것이다. 하지만 이제는 천연 재료를 사용하던 시절로 다시 돌아가야 할 시기에 진입했다. 플라스틱, 특히 페인트 플라스틱이 만들어내는 문제가 상당하지만 잘 모르는 경우가 대부분이다. 페인트 플라스틱은 바닷속 기저에 사는 생명체를, 나아가 지구 전체 생명체의 근간이 되는 존재들을 너무나 빨리 죽인다. 그 문제를 해결하기 위해 옛날 고대 기술로 돌아갈 필요가 있다. 현실에 적용했을 때 이로운 점도 많기에 인류가 본래 사용하던 재료로 돌아갈 수 있다는 가능성을 충분히 믿는다.

감: 향후 계획이 궁금하다. 더불어, 앞으로도 지속하고 싶은 것이 있다면?

-

유: 시공으로 번 돈으로 교육 활동을 펼치며 여러 예술가를 지원하고 있다. 예전에는 작업과 교육이 별개라고 생각했지만, 과연 내가 펼치는 교육이 나의 작품이 될 수 있을까 고민하며 살아오다 보니 그게 된다는 것을 알게 됐다. 앞으로도 그 단위에서 확장해 가지 않을까. 지속하고 싶은 것은 타협하지 않는 것. 천연 재료를 기반으로 활동을 해 나가고자 한다. 스스로에게 부끄럽지 않게끔 말이다.

유라유라
본명은 최유라이며, 생태미장 아티스트이자 생태 재료·기술 전문가로서 활동 중이다. 천연 재료 판매 및 생태미장 시공 기업 '페인트닥터'를 운영함과 동시에, 자연을 보전하고 생태 예술계를 지원하는 활동을 전개하고 있다.

3

HOW TO

Process

건축 미장 프로세스: 온점을 찍기까지

건축 미장은 단순히 표면을 덮는 데에서 한 발 더 나아가 건축물의 방수성과 내구성도 높이는 작업이다. 외부 환경으로부터의 보호막을 형성해 기후 변화에 따른 피해는 줄이고, 다양한 색상이나 질감을 표현해 심미적인 조화로움은 더하는 중요한 작업이라 할 수 있다. 건축 마감 공사가 점차 건식화됨에 따라 미장은 그 자체로 마무리되는 공정이면서, 내외장재의 바탕이 되기도 한다. 과연 어떤 과정을 거쳐 미장이 완성되는지 단계별로 톺아본다.

-

글 박지일

미장 준비 단계, 재료 선별

건축의 다른 여러 공정과 마찬가지로, 본격적인 미장 작업에 들어가기에 앞서 기초적인 준비는 철저히 진행되어야 한다. 우선 작업 공간은 깨끗하고 정돈된 상태로 유지돼야 한다. 불필요한 물건은 제거하고 바닥을 평평하게 만든 후 작업에 필요한 자재를 준비한다. 이때 필요한 기본 자재는 미장재, 모래, 물, 혼화재 그리고 도구가 있다.

미장재는 사용 재료에 따라 공기 중에서 경화하는 기경성 재료와 물에 의해 경화하는 수경성 재료로 구분된다. 기경성 재료는 토벽·소석회·돌로마이트 플라스터 등이 있고 수경성 재료는 시멘트 모르타르·석고 플라스터·무수석고 플라스터 등으로 구분할 수 있다. 그 외에도 시멘트계, 석고계, 고무계 등으로도 나뉜다. 시멘트계 미장재는 내구성이 뛰어나고 수분 및 화학적 요인에 대한 저항력이 강해, 외부에 노출된 환경에 적합하다. 반면, 석고계 미장재는 적층이 용이하면서도 경화 시간이 짧아 시공 효율성을 높일 뿐만 아니라 습기 조절에도 유리하다. 따라서 작업 효과를 높이려면 외부 벽면 미장에는 시멘트계를, 내부 인테리어에서는 석고계를 사용하는 것이 좋다.

고무계 미장재는 유연성과 내충격성이 뛰어나 체육시설처럼 특정한 용도를 지닌 건축물에 자주 쓰인다. 이외에도 모래는 미장재의 질감을 결정짓는 핵심 요소로, 모래를 선택할 때에는 입자의 크기가 알맞는지 확인해야 한다. 물은 혼합물의 가소성과 밀착력을 높여준다. 마지막으로, 스패너, 레벨기, 파이프 등의 도구는 미장재가 효율적으로 도포되도록 하며, 미장 작업 전반의 정밀도를 높인다.

도면 검토 및 작업 환경 확인

모든 도면에는 미장 작업에 필요한 세부 사항이 포함되어 있다. 작업의 방향성은 여기서부터 정해진다. 작업자는 도면을 검토하는 과정에서 작업 면적, 요구되는 두께, 사용해야 할 재료 및 마감 방법 등을 파악한다. 도면의 비율과 스케일을 확인하여 실제 작업 현장과 일치하는지 점검한 후, 평면도를 통해 작업 영역의 위치와 벽, 바닥, 천장 등 각 면의 특성을 면밀히 분석한다. 필요한 경우에는 엔지니어나 건축가와 협의해 도면 해석에 대한 명확성을 높이고 기술적 세부 사항을 점검한다.

현장에서의 점검 또한 중요하다. 미장재는 특정 온도 및 습도에서 최상의 성능을 발휘하는 만큼, 이를 수시로 확인해야 한다. 일반적으로 작업 온도는 5~30°C가 적합하며, 지나치게 높거나 낮은 습도는 결과물의 품질 저하로 이어질 수 있다. 또한, 바닥면이나 벽면에 이물질이 남아 있지는 않은지도 확인해야 한다. 이물질은 미장재가 제대로 부착되지 않게 하며, 균열이 생기거나 미장재가 탈락되는 상황의 원인이 되기 때문이다. 따라서 작업 전에는 청소를 철저히 하고, 불필요한 장애물이나 잔여물을 제거한다. 그 외에도 효율적인 작업을 위해 비가 내리거나 바람이 강하게 부는 날에는 작업을 피하는 것이 좋다. 작업이 안전하게 진행될 수 있도록 충분한 조명과 이동 공간도 확보해야 한다.

기초 작업

기초 작업은 주로 표면 정리와 방수 처리로 구분된다. 표면 정리는 미장을 하기 위한 기반이 되는 과정이다. 여기서는 기존 표면의 불규칙한 부분이나 먼지, 기름, 녹 등을 제거하고, 매끄러운 표면을 만드는 것이 우선된다. 표면이 매끄럽고 깨끗하면 이후의 미장 작업이 보다 효과적으로 진행될 수 있으며 결과물의 균질성도 높아진다. 이 작업에는 일반적으로 스크래퍼, 샌더 등의 도구가 쓰이며, 표면의 수축팽창을 고려해 적절한 베이스 코트가 사용되기도 한다. 방수 처리는 건축물의 내구성을 높이고 습기로 인한 피해를 예방하기 위해 반드시 진행되어야 하는 과정이다. 수분이 미장면 내부로 침투하게 되면, 구조물이 손상되거나 곰팡이가 생길 수 있기 때문이다. 업계에는 다양한 방수 재료가 있으며, 각 건축물의 조건에 맞는 제품을 선택하여 미장 전 처리해 주어야 한다.

방수 처리는 주로 기초 및 외벽에 시행되며, 방수 처리를 위한 소재로는 일반적으로 방수 페인트, 방수 시트 및 방수 제재가 사용된다. 이들 자재는 방수 기능이 뛰어나며, 기후 변화나 물리적 손상으로부터 구조물을 보호하도록 개발되어 있다. 특히, 방수 페인트는 미장 표면에 직접 적용 가능하여 간편하고 효과적인 방법이다. 방수 처리를 완료한 후에는 충분한 건조 시간을 가져야 한다. 방수에 관한 자세한 내용은 『GARM 23 방수』에서 확인할 수 있다.

미장재 혼합 및 적용

미장 혼합은 보통 시멘트, 모래, 물의 적절한 비율로 이루어지며 혼합 과정에서 공기 함량을 조절해 미장의 유연성과 강도를 확보해야 한다. 적용 방법은 다양하지만 일반적으로는 스프레더를 사용하거나 플라스터링 기법을 통해 고르게 퍼뜨린다. 이 과정을 세심히 살펴야 불균형한 두께와 표면 결함을 최소화할 수 있다.

미장 작업에서 가장 중요한 단계 중 하나는 적절한 미장 재료를 혼합하는 것이다. 올바르게 혼합된 재료는 미장의 품질과 내구성에 직접적인 영향을 미치기 때문에 이 과정은 신중히 진행돼야 한다. 혼합 비율은 설계 요구 사항 및 작업 환경에 따라 달라지며, 일반적으로는 시멘트 1, 모래 3 그리고 필요한 수분을 포함하여 혼합한다. 혼합 방법에는 수동 혼합과 기계 혼합이 있다. 수동 혼합은 규모가 작은 작업에서 사용되며, 재료를 반죽처럼 혼합하는 방식이다. 반면에 기계 혼합은 대량의 작업에서 효율성을 높이는 데 기여하며, 균일한 혼합을 보장한다. 혼합할 때는 물의 양을 조절하는 것이 중요하다. 물이 너무 많으면 재료의 강도가 약해질 수 있으며, 반대로 너무 적어지면 작업성이 떨어진다.

최적의 혼합 상태를 유지하기 위해서는 현장 상황을 고려한 작업자의 경험이 필요하다. 아울러 미장재 혼합 후 시간이 지나면 경화가 시작되면서 재료의 특성이 변하기 때문에, 혼합한 재료는 가능한 한 빨리 적용하는 것이 좋다.

미장 두께 조절

미장 재료는 원칙적으로 소량씩 얇게 발라야 한다. 반죽된 미장재는 나무 스패튤러나 플라스틱 스패튤러로 덜어낸 후, 일정한 압력을 가하여 바탕면에 밀착시킨다. 이때 미장재는 고르게 펴주고, 한꺼번에 너무 많은 양을 도포하지 않도록 유의한다. 적용한 미장은 시공 후 일정 시간 동안 자연 건조시키고 필요시 표면을 다듬는 작업이 이어진다.

마무리 단계에서 사용되는 도구는 금속 스크래퍼나 러버 스크래퍼로, 이를 통해 표면을 더욱 매끈하게 다듬을 수 있다. 적절한 두께 조절은 미장의 균일성과 내구성을 보장하며, 시간이 지남에 따라 미장 표면의 균열이나 탈락을 방지하는 데 기여한다. 일반적인 미장 바름 두께는 1~3cm로, 작업 종류와 적용 부위에 따라 달라진다. 벽면의 경우 1.5~2cm가 적당하고 바닥 미장은 2cm 이상의 두께를 요구하는 경우가 많다. 두께 조절은 주로 레벨링 기구나 자를 사용한다.

최종 점검

최종 점검 단계에서는 표면 평탄도와 접착력, 마감 품질, 수분 배출 여부를 확인해야 한다. 먼저 미장 표면이 고르게 이루어졌는지 확인한다. 표면이 울퉁불퉁하거나 결함이 있을 경우, 평탄화하는 별도의 조치가 필요하며 이때 레벨기를 사용하여 전체 면의 평탄도를 점검하는 것이 좋다. 미장이 접착면에 잘 부착되어 있는지도 확인해야 한다. 미장이 떨어지거나 갈라진 부분이 있을 경우 리폼이 필요할 수 있다. 이후 미장의 질감을 점검하는 과정에서 원하는 미적 요소가 구현되었는지 확인하고, 질감이 불규칙하거나 색이 번지지는 않았는지 세심히 살핀다. 곰팡이 및 부패 방지를 위해 미장 작업 후 수분이 적절히 배출되고 있는지도 확인해야 한다.

마감 처리

마감 기술은 미장 작업의 마지막 단계로서, 최종적인 외관과 기능성을 확보하는 데 중요한 역할을 한다. 이 과정에서는 미장 표면을 매끄럽게 하고, 필요한 경우 추가적인 색상이나 질감을 적용한다. 마감 처리 과정에는 여러 기법과 도구가 쓰인다. 일반적으로 시멘트 기반의 미장을 한 후에는 표면을 부드럽게 하거나 패턴을 만들어 최종 결과물을 완성한다. 이 과정에서는 작업자가 사용하고자 하는 마감 기법에 따라 다양한 도구를 활용할 수 있다. 예를 들어, 스무딩 도구나 스폰지로 표면을 다듬거나, 색상 추가와 같은 방법으로 미장의 외관을 개선한다.

가장 일반적인 폴리싱polishing은 미장 표면을 연마하여 매끄럽고 반짝이는 마감 처리법이다. 이 과정에서는 다이아몬드 연마기와 같은 특수 장비를 사용하여 표면의 결을 정리한다. 스프레이를 통한 마감 기술도 자주 사용된다. 이 방법은 특정한 패턴이나 질감을 적용하는 데 효과적이며, 대형 공간에서 쉽게 활용할 수 있다. 더불어, 다양한 색상 도료를 사용하여 미장의 심미적인 효과를 증가시키기도 한다.

작업 완료 후 관리

미장 작업의 완성도는 건조 시간에 따라 크게 달라진다. 표면이 완전히 건조되는 데에는 온도, 습도, 환기 상태가 많은 영향을 끼친다. 미장재에는 물이 포함되어 있는 경우가 많은데, 건조 과정에서는 수분이 서서히 증발해야 한다. 일반적으로 작업 후 24~48시간 이내에 1차 건조가 이루어지며, 완전히 경화되기까지는 일주일 이상이 소요된다. 이는 어떤 종류의 미장재가 사용됐는지에 따라 달라진다. 일례로 시멘트 기반의 미장은 경화가 진행되는 동안 일정량의 수분을 보유해야 하므로, 초기 건조 시간이 길어질 수 있다. 작업물 표면의 미장층 두께도 건조 시간에 영향을 미친다. 미장층이 두꺼울수록 내부의 수분이 밖으로 빠져나가기 어려워지기에 건조 시간이 길어질 수 있다. 건조를 빨리 마치고자 한다면 작업 공간의 온도와 습도를 조절하고 적절한 환기를 병행해야 한다.

Harmony

한식미장과 현대건축의 조응

김진욱 장인건설 대표

전통을 지키는 데서 한 발짝 나아가 현대에 전통을 녹여낼 방법은 없을까. 건축을 휘감은 변화의 물결 한가운데서 '전통미장'이라고도 하는 한식미장은 어떠한 상황일까. 전통적인 재료와 기법을 보존하고 유지 및 계승하는 한편, 실용적인 측면에서 한식미장에 접근할 수는 없을까. 이러한 궁금증에 실마리를 찾고자 장인건설 김진욱 대표를 찾았다. 한식미장과 함께한 시간만 반 세기를 향하며 2011년에는 건축시공(미장) 분야 대한민국명장으로 선정되기도 했던 그는 어떤 이야기를 제시할까.

인터뷰 **구자영**

감씨(감): 국가유산이나 전통 건축물을 복원하는 경우가 아니라면 기존 건축물이나 신축 공사 과정에 한식미장을 온전히 적용하기는 상대적으로 어렵다. 이런 상황에서 한식미장의 본질을 조금이나마 더 적용할 방법이 있다면?
김진욱(김): 한옥에 대한 관심이 증가하고 있지만, 실제로는 한옥의 겉모습만 흉내 내는 경우가 많다. 국책 사업으로 만들어진 한옥 단지를 자세히 들여다봤을 때, 합판을 대거나 시멘트나 콘크리트로 미장 작업이 된 한옥이 자리한 경우가 많다. 한옥의 특성과 진정성은 찾아보기 힘들다.

어디서부터 이 문제가 생겼는지를 떠올렸을 때, 재료는 그 답이 될 수 있다. 애초에 가역성[1] 있는 천연 재료를 사용하는 것이다. 시멘트나 콘크리트를 '무조건 쓰지 말자'는 뜻이 아니다. 큰 빌딩처럼 어쩔 수 없이 콘크리트를 사용해야 하는 경우도 있기 때문이다. 인테리어 내장재나 한옥 벽체만큼은 천연 재료를 사용하자는 이야기다. 이는 한식미장의 본질에 대한 해답뿐만 아니라 환경의 선순환을 구축하는 시작점이 되기도 한다. 건축물에서부터 비롯되는 탄소 배출량은 상당하다. 콘크리트나 시멘트를 생산하기 위해 산을 무너뜨리고 노천광을 설치하는 등 자연을 훼손하는 문제도 발생한다. 탄소 중립은 큰 화두로 자리한 지 오래지만, 그럼에도 이 문제가 해결되지 않는 이유는 결국 경제적 논리 때문이다.

감: 한식미장이 적용되어야 하는 건축물의 상황은 어떤가?
김: 한식미장의 경우, 미장은 단순히 무언가를 '바른다'는 개념에만 국한되지 않는다. 벽돌 조적, 타일 부착, 구들 공사 등처럼 습식 공사로 분류되는 작업이 모두 미장으로 포괄된다. 그런데 이러한 습식

공사는 대부분이 엉망인 상황이다. 많은 국가유산이 본래의 재료가 아닌 현대 재료로 잘못 복원되고 있다. 국가유산을 수리하거나 복원하는 이유는 원형 유지와 그 기술을 전승하기 위함이다. 흙벽으로 지어진 건물을 회벽이라고 오해해, 보수하면서 회를 바르게 되는 것이다. 심한 경우에는 흙도 회도 아닌 하얀 시멘트를 바르는 경우도 있다. 그뿐만 아니라 한옥 단지에도 재료와 기법이 무시된 채 현대식으로 건축되는 경우가 많다. 재료와 기법의 일관성을 지킴으로써 국가유산 및 전통 건축물의 본래 특성과 진정성을 살릴 것이 요구된다.

감: 시대에 맞게 미장 방법을 개선하고 도구를 개발한 바 있다. '한옥 미장용 벽체 외엮기 방법'으로 특허를 받았고, '각도 조절용 미장 흙손'으로 실용신안을 등록했는데. 오랜 시간 이어온 전통과 본질을 지키면서도 거기에 실용적인 요소를 더한다는 것이 쉽지 않았을 듯하다. 그 사이에서 어떻게 균형을 잡았는가?
김: 균형을 잡기가 쉽지는 않았다. 균형을 잡고자 한다면 재료와 기법에 대해 기준을 명확하게 세워야 한다. 국가유산이라고 해서 모두 전통적인 재료만 쓰인 건 아니라는 점을 먼저 강조한다. 국가유산은 원형 유지와 기법 계승을 목적으로 한다고 한 바 있다. 그렇다면 처음부터 시멘트가 사용된 데에는 시멘트를 써줘야 한다. 서울 구시청사, 기상박물관(서울 기상관측소) 등과 같은 근대문화유산이 그러하다. 근대문화유산 중에는 1919년 이후에 지어진 건물이 많다. 1919년은 한반도에 시멘트 공장이 처음 생긴 해다. 그런 까닭에 명확히 기준을 세움으로써 선을 그어야 한다. 천연 재료가 사용된 국가유산과 한옥은 재료와 기법을 그대로 지켜내고, 근대문화유산은 근대 건축재료 사용과 근대건축 공법에 맞게 시공하는 것이다. 근대문화유산에는 시멘트를 사용하기 시작했다.

    이러한 접근 방식을 현대 건축물에도 적용한다면 실용적으로 전통과 현대의 조화를 이룰 수 있다. 예를 들어 아파트 인테리어 과정에서 바를 흙을 기계로 반죽한다고 치자. 기계로 반죽을 한다고 해서 흙이 지닌 기능이 사라지는 건 아니지 않은가. 아파트를 한옥처럼 할 때도 벽 전체에다가 흙을 5cm 정도 두껍게 발라준 바 있다. 이때 뼈대인 심벽의 골조는 기계로 작업했다. 그 이후에 미장은 수작업으로 진행한 것이다.

감: 저서 『100년 만에 되살리는 한국의 전통미장기술』에서 "한식미장 기법을 현대건축에도 적용할 수 있다"고 한 바 있다. 일반적으로 '전통건축' 하면 한옥을, '현대건축' 하면 아파트를 떠올리기 마련이지만, 이 둘의 구조와 환경은 많이 다르다. 이런 상황에서 어느 요소를 어떻게 적용할 수 있을지 궁금하다.
김: 천연 재료는 그대로 사용하되, 공법을 개량화하는 것이 그 방법이라 할 수 있다. 현대 건축에서도 전통 방식을 적용하려면 진정성을 잃지 않는 것이 중요하다. '전통 기법을 현대 생활에 유용하게 활용하자'가 나의 슬로건이다. 내가 작업했던 사례 중에는 흙이나 천연 목재를 사용해 아파트 내부를 인테리어한 사례가 있다. 아파트 자체를 한옥처럼 짚으로 엮거나 나무로 짓지는 못하기에 공법은 개량화하는 한편, 내부에는 천연 재료를 쓰는 것이다. 이를 위해서는 흙, 석회 등 재료마다의 특성을 이해하는 것이 우선이겠다. 서울 성수동에 위치한 '이솝 성수'의 미장 시공을 맡아서 진행한 바 있다. 이때 백토에 쌀풀을 섞어 미장 작업을 진행했다. 이는 창덕궁 희정당 같은 궁궐 내 건물에도 쓰인 방법이다. 백토는 강알칼리성인 회와 달리 PH가 6~7인 중성으로, 인체와 비슷한 결을 지닌다. 현대건축에 전통건축을 적용하는 데 있어 가장 핵심이 되는 요소는 재료다. 이는 현대건축의 지속가능성을 높이는 데에도 기여할 것이다.

감: 그렇지만 현재 상황을 보면 현대건축에 전통건축의 본질이 잘 적용되지 않고 있다. 그 이유는 무엇인가?
김: 이해관계에 얽혀서, 또는 경제적 논리로 손을 쓰지 못해서 그렇다. 천연 재료라 해도 분명히 단점은 있다. 지붕에 바른 회가 저온과 고온에 반복적으로 노출되는 과정에서 떨어지거나 비가 샌 사례가 문헌에 기록된 바 있는 것처럼 말이다. 건축에서의 대안은 재료다. 공법은 현대적인 걸 사용할 수밖에 없지만, 재료만큼은 전통 재료를 사용하는 것이다. 예를 들어, 에어컨을 틀지 않고도 실내를 시원하게 하려면 흙을 바르든지 벽 두께를 조절해 단열을 더 잘하면 된다. 러시아의 벽은 두께가 50cm 이상 된다. 아무리 추워도 사람들은 그곳에서 생활한다. 그런 점을 배워 오면 되는 것이다. 에어컨 사용량이 감축되고 상대적으로 겨울에는 따뜻할 테니 난방도 덜하게 될 것이다. 건축재료로 인한 환경 파괴 문제를 0으로 만들 수는

없다. 하지만 줄일 수는 있다. 재료 생산 과정에서 발생하는 문제, 화학제품을 혼합할 때 나타나는 문제, 운수송 과정에서 나타나는 문제 등 모두 상대적으로 조금씩은 저감될 수 있다. 그 선순환의 시작점은 천연 재료에 있다.

감: 기술이 발전하면서 건축 공정에 기계나 로봇 등의 힘을 빌려 작업하는 경우가 많다. 반면, 미장은 지금도 수작업으로 이뤄지는 상황이다. 이에 대해 어떤 견해를 가지는가?
김: 미장 작업은 규격화되어 있지 않다. 작업 과정에 기계를 사용했을 때 경제성이 높아지는 경우가 많지만, 미장에 있어서만큼은 그 효과가 미미하다. 한식미장은 특히나 더 그러하다. 한식미장을 유용하게 접목시키면서도 소비자의 선호를 이끌

방안을 나 역시도 계속 고민 중이다. 나름대로 연구하는 과정에서 기계화가 경제성에는 크게 도움이 안 될 수 있겠다는 생각이 들었다. 한옥만 해도 천장의 서까래가 반듯해 보이지만, 실제로는 울퉁불퉁하기에 기계로는 완벽히 작업할 수 없다. 미장재를 운반하는 과정도 마찬가지다. 컨베이어 같은 기계를 활용하면 나름의 이점이 있겠지만, 기계를 설치하거나 청소하는 데 시간이 더 많이 소요되는 만큼 결국 효율성이 떨어진다. 미장에 있어 수작업의 중요성이 강조된다는 점은 시간이 지나도 변하지 않을 것이다.

감: '미장'이라는 분야는 실질적으로 부가가치가 높은 분야인지 궁금하다.
김: 미장이라는 분야가 지닌 가치는 굉장히 높다. 그렇지만 한식미장의 경우에는 그 맥이 이어지지 않는다는 점에서 많은 숙제를 안고 있다. 낮은 연령층의 관심이 적은 만큼 인력이 귀해지고 있기 때문이다. 현장에서 일하는 이들의 연령대는 대부분 70~80대로, 젊은 기능공이 거의 없다. 이로 인해 인건비가 상승하고, 경제성의 논리에 의해 본래의 재료가 아닌 다른 재료를 사용하는 방식으로 작업이 이루어진다. 합판을 대거나 페인트를 칠하는 방식처럼 말이다.

감: 2011년에 건축시공(미장) 분야 대한민국명장으로도 선정된 바 있다. 여러 미장 전문가 사이에서 명장만이 가지는 특별한 기술이 있나?
김: 미장을 업으로 한 지도 50년을 향해 간다. 그 과정에서 숭례문 복구공사, 수원 화성행궁 2단계 복원정비사업 등에 참여하기도 했다. 지난 시간을 돌이켜봤을 때, 단절됐던 한식미장 기법을 이어가는 데에 내가 기여한 바가 있고 나름대로의 미장 기술도 가지고 있다. 그렇지만 나는 나 자신이 아직도 멀었다고 생각한다.

 미장을 업으로 할 때에는 재료 공학적으로 접근함으로써 화학 및 물리 지식을 갖춰야 한다. 더불어, 경험 지식이 아주 중요하다는 사실은 말할 것도 없다. 미장은 시방이 명확하지 않다. 정량화된 데이터가 없을뿐더러, 애초에 데이터화할 수도 없다. 예를 들어 같은 황토처럼 보인다 해도 군포나 부산, 전남의 황토의 성질이 서로 다르다. 심지어는 같은 지역의 황토라 해도 채취 장소에 따라 또 달라진다. 또한, 혼합 비율의 편차도 크다. 예를 들어 물과

(위) '이솝 성수' 작업에 적용한 미장 샘플. 백토에 쌀풀을 섞어 미장 작업을 진행했으며, 이는 창덕궁 희정당 같은 궁궐 내 건물에도 쓰인 방식이다.
(아래) 장인건설에서 직접 제작한 한식미장 샘플.

시멘트를 1 대 1로 혼합하면 미장 모르타르가 된다. 시멘트의 강도를 얼마만큼 원하는지에 따라 적게는 2 대 1, 많게는 3 대 1로 혼합하면 된다. 반면에 흙은 그 편차가 최대 6배가 나기도 한다. 그 자체로만 발라도 되는 흙이 있는가 하면, 어떤 흙은 석비레[2]나 모래를 5배 섞어야만 하는 식으로 말이다. 이런 점에서 나는 아직 멀었다고 할 수 있다. 명장으로서 국가유산을 수리할 수 있는 기술과 많은 경험 지식을 갖고 있다고는 할 수 있지만, 계속 발전을 도모해야 한다.

감: 2015년에 한식미장 및 문화재 전문 시공 회사 '장인건설'을 설립했다. 이후 사회적기업으로서 한식미장을 배우러 찾아오는 이들에게 기술을 전수하기도 하고 학생 대상 진로체험 기회도 제공하고 있는데, 한식미장을 업으로 삼으며 살아가는 과정에서 가장 중시하는 부분이 있다면 무엇인가.
김: 재료의 물성을 이해함으로써 잘못된 길로 나아가지 않고 고유성을 살리고자 한다. 한옥은 우리나라만의 독특한 건축 양식이다. 아파트 같은 현대식 건축물에 미장 작업을 할 때와는 달리, 국가유산이나 한옥을 다룰 때는 원형을 지키는 것이 중요하다. 이를 위해서는 재료를 깊이 이해해야 한다. 물론 손재주도 갖춰야 하지만, 더 나아가서는 재료의 특성과 건축물의 고유성을 함께 고려해야 한다.

감: 이전에 "친환경 건축의 기초는 전통 재료를 활용한 것이고, 이를 현대 생활에 맞게 퓨전화시켜서 활용하면 부가가치가 창출된다"고 언급한 바 있다. 전통적인 방식을 활용해 친환경 건축을 시도하고자 하는 이가 알아두면 좋을 것이 있다면?
김: 두 가지를 강조하고 싶다. 재료와 신뢰다. 황토를 예로 든다면, 황토에 시멘트를 살짝 섞을 경우 바로 굳는다는 이점이 있다. 사용하기에도 좋고, 나중에 얼거나 터지지도 않는다. 그런 방식으로 작업한 후

'100% 친환경 재료로 작업했다'라고 말하는 순간 진정성을 잃어가기 시작한다. 결국 핵심은 재료에 대한 이해를 기반으로 하되, 그 재료에 대해 결코 속이지 않는다는 것이 되겠다. 어떻게 보면 현대건축에 한식미장을 적용하는 과정에서도 그 부분만큼은 타협하지 않아야 한다. 재료의 특성을 이해하고, 그에 따라 적절한 방법을 적용하는 것이다. 중요한 점은 재료에 대한 이해 없이 거짓으로 접근하면 안 된다는 것이다. '친환경 건축'이라는 목표에 맞는 방법론을 선택하되, 재료의 본질을 훼손하는 선택은 피하는 것이다. 결국 진정한 친환경 건축은 거짓 없이 재료를 활용하는 데서 시작된다.

1) 가역성: 물질이 어떤 상태로 변했다가 다시 원래의 상태로 되돌아갈 수 있는 성질
2) 석비레: 푸석푸석한 돌이 많이 섞인 흙. 돌이 풍화하여 생긴 것으로, 벽돌이나 기와 따위를 만들거나 도로를 포장하는 데에 쓰인다.

김진욱
장인건설 대표다. 건국대학교 산업대학원을 졸업했으며 40여 년간 현장에서 의궤를 중심으로 전통미장 기법을 되살리고 보존하는 데 힘써왔다. 그간 참여한 공사로는 경복궁, 덕수궁, 숭례문, 남산한옥마을, 원구단, 뉴욕 원각사, 사우디아라비아 회교당 등이 있으며, 이외에도 국가유산 건축물 및 한옥 공사에 참여했다.

Sustainable

생태지역적 디자인으로 구현한 미장: 이코 한옥

어셈블, BC, 아틀리에 루마,
건축생산 큐레이터 윤정원

지속 가능한 미장재로 흔히 천연 재료를 떠올리기 쉽다. 제5차 광주폴리의 프로젝트 이코 한옥은 기성 재료를 사용하는 데 그치지 않고 굴 껍데기, 미역과 다시마, 건설 현장의 흙으로 만든 저탄소 재료로 미장의 새로운 가능성을 제시한다. 폐기물이나 저평가된 자원을 건축자재로 사용할 때 어떤 과정을 거쳐야 할까? 그리고 그 재료를 범용적으로 사용하기 위해서는 어떤 조건이 필요할까? 이코 한옥의 리노베이션을 맡은 어셈블, BC, 아틀리에 루마에게 자세한 이야기를 들어보았다.

-
인터뷰 배지나
자료 제공 BC, 광주비엔날레 재단,
어반소사이어티

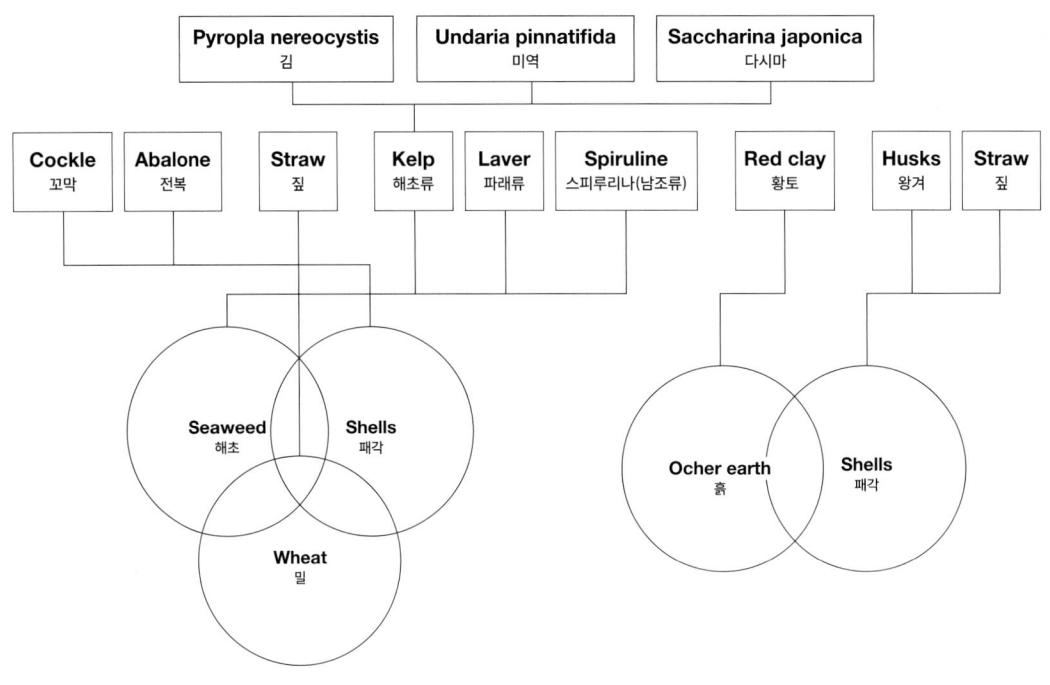
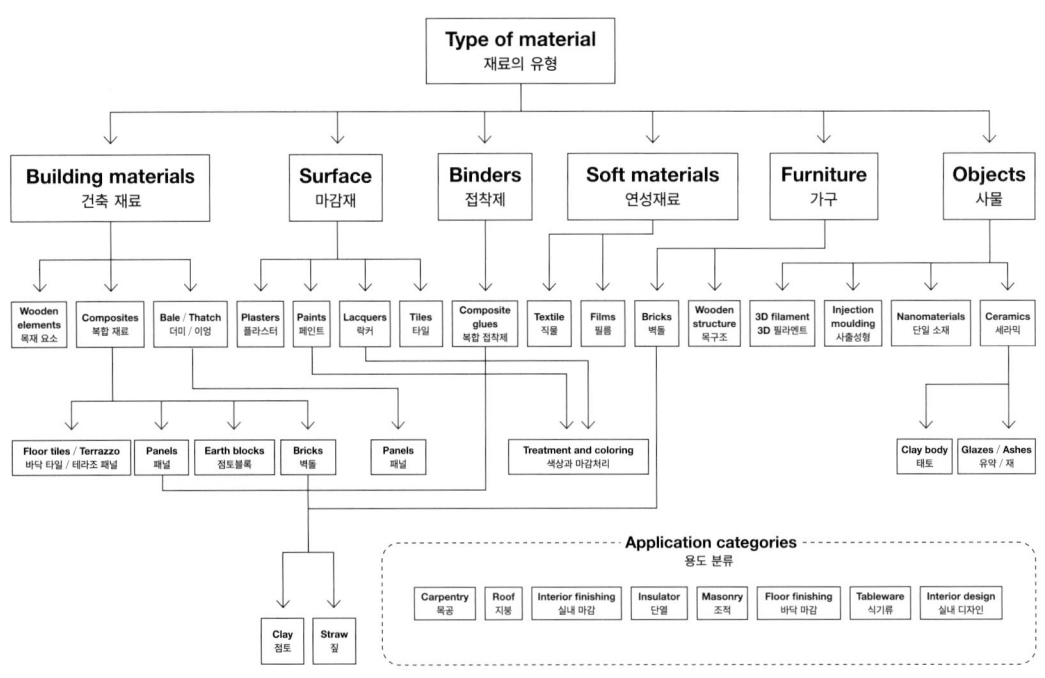

감씨(감): 이코 한옥은 한국의 농업과 임업, 어업 부산물을 활용한 재료로 리노베이션했다. 리노베이션의 목표는 무엇이었나?
-

광주폴리의 다양한 프로젝트 가운데 우리는 신축이 아닌 리노베이션 작업을 원했다. 이번 광주폴리의 총감독 배형민 서울시립대학교 교수는 광주 동명동 지역에 있는 버려진 한옥의 리노베이션을 제안했다. 나무와 흙 그리고 자연석을 재료로 지은 이 한옥은 도시적인 방식과 토착적인 방식의 교차점에서 생태지역적^{bioregional} 디자인 원칙을 보여주기에 적합했다. 윤정원 서울시립대학교 교수와 김형기 조선대학교 교수 그리고 생산 회사인 클레이맥스와 협력해 농업 폐기물, 해양 양식 폐기물 및 지리 자원 기반의 새로운 건축자재를 개발하고 생산했다.

감: 어셈블, BC 그리고 아틀리에 루마는 건설 재료에서 건축 생산 과정에 이르기까지 지속 가능성을 실천하는 것을 목표로 삼는다. 이를 한국의 지역 환경에 적용하기 위해 어떤 접근을 취했나?
-

우리는 생태지역적 디자인을 각자의 실무에서 구현해 왔다. 이코 한옥은 이를 처음으로 한국이라는 다른 지리적 맥락에 적용한 작업이다. 이에 재료 연구에 착수할 때부터 두 가지 원칙을 세웠다. 저평가된 자원을 활용하는 것, 그리고 토착적 지식의 전통적인 형태와 한국의 장인정신을 현대 기술 및 역량과 융합하는 것이다.

감: 자재 수급부터 연구, 생산까지 많은 협업을 거쳤을 것 같다. 그 과정을 구체적으로 설명해 달라.
-

윤정원 교수와 조력해 먼저 현지 자원과 전라남도 지역의 구체적인 노하우를 탐색하기 위해 다양한 지역 주체를 방문했다. 해조류와 패각류(완도, 고흥, 여수), 대나무와 대나무 공예품(담양), 편백(장성), 칠기 제조 등이 그 예다. 이후 재료와 자원의 우선순위를 정했고, 아틀리에 루마와 BC가 프로토타입을 제작하며 재료의 가능성을 타진했다. 굴 압축 벽돌과 미장, 해조류 종이와 패널, 유약 등 최종 프로토타입은 현지 업체와 장인들과 협력해 생산하도록 설계했다. 굴 압축 벽돌은 클레이맥스가, 기와의 맞춤형 유약은 고령기와가 생산을 맡았다.

감: 패각류를 배합해 만든 벽돌과 미장재, 왕겨를 활용한 단열재, 굴 패각 성분을 이용한 기와의 유약까지. 각 재료에 대한 접근 방식이 궁금하다.
-

한국의 연평균 굴 생산량은 150,000톤에 달하며, 패각 폐기물의 무게는 생산량의 약 6배에 이른다. 이코 한옥을 위해 개발한 굴 압축 벽돌은 으깨진 굴 패각과 꼬막 석회 등 광주 인근의 해양 양식 및 도시 폐기물과 현장의 쇄석 콘크리트로 만들었다. 약 4,000개의 벽돌을 생산해 이코 한옥 주변 정원 외벽에 사용했다.

외벽의 석회 미장은 전복과 꼬막 석회로 만든 접합제에 으깨진 굴 패각을 혼합했다. 이 미장은 지역 공예가들이 외벽에 질감을 표현하는 방식으로 도포했다. 안방 마감재로 사용한 해조류 미장은 색감과 점착력을 살리기 위해 공사 현장에서 회수한 흙과 스피룰리나 해조류를 혼합해 만들었고, 현지 흙과 모래로 구성한 흙 미장은 어반소사이어티의 박기찬 소장과 현진건축의 미장 장인들과 함께 주방에 적용했다.

탄화 왕겨 단열재는 기존 목재와 새롭게 더한 대나무 골조의 충전재로서 지붕과 벽의 단열재로 사용했는데, 목재 기둥과 대들보 골조의 균형을 잡는 데 특히 유용했다.

재료 실험 워크숍 및 시공현장. 현지 자원을 활용해 부분적으로 프로토타입을 제작했다. 시공자, 연구자와 협업해 원하는 형태와 질감을 구현하기 위해 여러 차례 테스트를 거쳤다.

한지는 색과 질감을 더하기 위해 건조된 다시마, 미역 그리고 스피룰리나를 섞어 만들었다. 창과 문뿐 아니라 아틀리에 루마가 디자인한 조명 기구에도 적용했다.

전통 한국 기와는 불완전 연소를 통해 검게 변색되지만, 유약을 바른 기와는 드물다. 전복 가루나 굴 패각을 사용해 전통 기와에 유약을 바르는 방법을 탐구했고, 고령기와에서 유약 소성 테스트를 거쳐 최종적으로 한식 기와에 사용할 유약을 개발했다. 이 유약은 산화철을 혼합해 광택을 내는 것이 특징이다. 한옥 지붕에는 새 기와를 올리고, 골목과 마당 사이 담장과 마당의 우물에는 고재 기와를 사용했다.

이외에도 다시마 가루를 압축해 만든 해조류 패널, 쪽 염색의 한국 전통 공예 기법을 접목한 누비 카펫 등이 있다.

감: 이코 한옥의 미장재는 성분에 따라 크게 석회와 흙으로 구분된다. 각 부산물은 미장재로서 어떤 가능성을 갖는가?

-

우리는 내부 또는 외부에 사용할 새로운 미장재를 개발하는 과정에서 몇 가지 단계를 거쳤다. 먼저 재료 연구의 맥락 안에서 재활용을 통해 습득한 2차 자원인 으깨진 패각들의 흥미로운 입자 크기를 선택했다. 이 패각들은 일반적으로 전통적인 미장에 사용하는 강모래 또는 채석장 모래를 대체할 수 있다. 각각 다른 크기의 입자를 용도에 적합하게 (석회 또는 점토를 활용한) 접합제와 혼합했다. 내후성이 있는 석회는 외부 미장에, 점토와 같이 통기성이 있는 접합제는 실내 공간에 더 적합하다. 내부 미장 중 하나로 건설 현장에서 직접 가져온 흙을 사용하기도 했다. 이 흙은 새로운 점토 및 모래로 만든 미장의 대체재 역할을 한다. 흙으로 만든 내부 미장에 혼합된 미세 해조류(스피룰리나)는 저점토 토양의 추가적인 접합체이자 천연 색소로 기능한다.

감: 자연 재료이기에 내구성 면에서 취약한 부분도 있으리라 생각된다. 이를 보완하기 위한 방법은 무엇이었나?

-

재료 대부분은 연구실에서 충분한 실험을 거쳤다. 대표적으로 으깨진 굴 패각으로 만든 벽돌은 윤정원 교수, 김형기 교수와 긴밀하게 협업해 개발했다. 우리의 목표는 굴과 패각의 잔여물을 최대한 사용하면서 강한 내구성을 확보하는 것이었다. 생소한 국내 산업 생태계에서 치밀한 실험을 거쳐 패각 석회, 재생 골재 그리고 제철 부산물인 슬래그 극소량을 혼합해 배합 방식을 도출했다. 이를 통해 우리는 지속 가능할 뿐 아니라 운송과 공사에도 무리가 없는 강도를 구현할 수 있었다.

감: 재료의 기원을 유추할 수 있도록 텍스처, 색상 등을 살린 점도 흥미롭다. 어떤 효과를 의도했나?

-

이코 한옥에 사용한 2차 자재의 독특한 특징을 강조하고자 했다. 해조류는 섬세한 한지에 녹아들어 복잡한 질감과 반짝이는 미적 효과를 연출하는가 하면, 패각류는 어둠에서 빛나는 진주 광택을 연상시키면서 울퉁불퉁한 질감으로 디자인에 깊이를 더한다. 각 재료는 단순히 기능적 요소를 넘어 미적 잠재력을 품고 있다. 우리의 목표는 자연의 자원이자 2차 자원인, 때로는 폐기물로 간주되어 잊히는 것들이 새로운 건축적 언어를 위한 토대의 역할을 할 수 있음을 보여주는 것이었다. 각 재료의 기능적, 미적 가능성을 제시함으로써 생물자원 및 지리 자원 소재의 사용을 촉진시키고, 더 나아가 지속 가능하고 혁신적인 구축의 접근을 위한 길을 열고자 했다.

"과정뿐만 아니라 결과의 파장도 중요하다. 일상 건축 환경을 이루는 새로운 자재와 공법의 성능을 모니터링하여 현실에 적용할 수 있는 획기적인 기획이었다. 이코 한옥에서 실험적으로 적용된 미장과 벽돌은 국내외의 다른 현실 프로젝트에서 적용되고 있다. 순환의 건축이 실용적이면서 아름답다는 것을 보여준다."

_배형민(제5차 광주폴리 총감독, 서울시립대학교 교수)

이코 한옥 (2024)
-
위치: 광주시 동구 동명동 209-106
미장 개발: 윤정원 서울시립대학교 교수, BC, 아틀리에 루마
미장 제작: 현진건축
미장 시공: 스튜가하우스, 어반소사이어티, 현진건축

감: 이번 작업에서 아쉽게 개발하지 못한 미장재도 있나?

-

처음에는 공사 과정에서 회수한 모든 흙을 재사용하는 것을 목표로 삼았다. 지푸라기가 섞인 흙은 전통 한옥의 구축적 특징을 나타내며, 리노베이션 과정에서 내부 미장의 견고한 기초 역할을 했다. 하지만 안타깝게도 그 양이 충분치 않았으며 속성상 건조, 분쇄, 체질과 같은 광범위한 가공 과정이 필요했는데, 주어진 시간과 자원이 제한적이었기에 미장재로 개발하기에 한계가 있었다. 회수한 흙 모두를 재사용할 순 없었지만, 그중 일부는 미장 재료로 활용했다.

감: 이코 한옥이 일종의 프로토타입이라면, 생물자원 소재의 상용화 가능성을 어떻게 바라보고 있는가?

-

우리는 생물자원 소재의 상용화가 관련 산업의 역량을 비롯한 경제적 맥락에 달려 있다고 본다. 가령 산업적 코워킹 모델을 채택한다면 기존의 생산 라인과 산업 장비를 활용해 새로운 생산 시스템을 구축하기 위한 비용을 최소화할 수 있다.

하지만 재료를 정제하기 위해 요구되는 모든 추가적인 단계는 비용을 증가시킨다. 예컨대 굴 패각의 경우 세척하고, 분쇄하고, 체질하는 것과 같은 가공 과정이 필요한데, 이는 생산 비용을 높인다. 그 실행 방식이 널리 퍼져 있지 않을수록, 덜 산업적일수록 더 노동 집약적이고 공정 집약적이 되어 표준 재료와 비슷한 가격으로 대량 생산하기가 어려워진다. 하지만 이는 시간이 지남에 따라 점차 나아질 수 있다. 새로운 유형의 재료에 대한 관심이 커질수록 산업화와 상용화가 더욱 실현 가능해질 것이고, 그렇게 접근성이 향상되고 생산 비용이 낮아질 것이다.

감: 이코 한옥이 세 팀에게 어떤 도전이었나?

-

이코 한옥은 우리가 주로 활동해 온 유럽과 다른 지리적, 문화적 맥락에서 생태지역적 디자인을 구현한 작업이다. 무엇보다 시간과 자원의 제약 속에서 굴 패각이나 해조류 등 관습적이지 않은 재료를 공급하고 생산하는 과정에 어려움이 있었는데 현지 장인, 연구자 그리고 생산자와 긴밀하게 협업해 해결책을 찾아갈 수 있었다. 그 모든 어려움에도 불구하고 현지 지식과 자원에 기반해 지속 가능한 건축의 확장 모델을 개발할 수 있었다는 점에서 뜻깊다.

어셈블
2010년 영국 런던에서 설립한 스튜디오. 건물의 설계를 넘어 조직을 설립하고 다양한 사업을 운영한다.

BC
BC 아키텍츠와 BC 스터디스, BC 머티리얼즈로 이뤄진 벨기에의 설계, 연구, 교육 연구소다. 실무적인 현장 프로젝트와 재료 프로토타입 제작, 제품 개발 등을 통해 건축 프로젝트를 구축하고 건축 환경을 이루는 건축과 생산 과정을 연구한다.

아틀리에 루마
프랑스 아를을 기반으로 활동하는 디자인 및 학술 연구기관. 다양한 예술 프로젝트와 프로그램을 지원하는 루마 아를의 일부로 운영되며, 디자인과 혁신을 구현하는 데 집중한다.

Material

미장 혼화재료의 모든 것

혼화'재'? 혼화'제'? 혼화재료는 크게 혼화재(混和材)와 혼화제(混和劑)로 나뉜다.
비슷한 이름으로 혼동하기 쉽지만, 기능은 많이 다르다. 콘크리트 혼화재료처럼,
미장에서 혼화재료는 시멘트, 골재, 물 등과 별개의 재료로 성능을 개선하기 위해
첨가된다. 이번 장에서는 미장에서 사용되는 다양한 종류의 혼화재료를 살펴본다.
콘크리트에서 사용되는 혼화재료가 궁금하다면 『GARM 03 콘크리트』에서
확인할 수 있다.

-

글 김현경

미장에서의 혼화재

콘크리트에서 혼화재additive는 물리적 성질을 개선하기 위해 쓰이는 '재료'로 전체 모르타르에서 비교적 큰 비율, 약 5% 이상 첨가된다. 이와 마찬가지로, 미장 혼화재도 동일한 목적으로 비교적 큰 비율로 첨가된다. 혼화재는 모르타르의 강도와 내구성을 높이고, 수축이나 팽창을 줄여 안정성을 높인다. 동시에 큰 비율로 들어가 비용 절감과 성능 유지 및 개선으로도 이어진다.

석회 & 소석회

석회는 탄산칼슘($CaCO_3$)을 태워 이산화탄소를 제거한 산화칼슘(CaO)을 말한다. 석회의 주성분은 탄산칼슘이며, 탄산마그네슘과 규산을 함유한 경우도 있다. 석회는 천연 석회석이나 조개껍데기를 약 900~1,300°C의 고온으로 가열하는 소성[1] 과정을 거쳐서 얻을 수 있다. 석회가 물과 결합하면 소리와 열을 내면서 용적이 팽창해 미세한 가루가 되는데, 이 현상을 수화 또는 수산화 작용이라 한다. 이 과정을 통해 소석회 즉, 수산화칼슘($Ca(OH)_2$)을 만들 수 있다.

돌로마이트 석회

백운석dolomite을 원료로 하며, 제조 방법은 소석회와 같다. 탄산마그네슘($MgCO_3$)을 상당량 함유하고 있으며, 15~20%의 수산화마그네슘($Mg(OH)_2$)도 함유하고 있어 마그네슘석회라고도 한다. 돌로마이트 석회는 소석회보다 밀도가 높고, 굳으면 강도가 크다. 또한, 점성이 높아 풀을 넣을 필요가 없다. 냄새가 없고, 곰팡이가 없으며, 변색되지 않는다는 장점을 가지고 있다. 반면 건조수축이 커서 균열이 생기기 쉽고, 물에 약하기 때문에 소량의 시멘트나 석고플라스터를 섞어 균열과 강도를 높이기도 한다.

석회석분

석회석분은 석회석을 미세하게 분쇄하여 얻은 분말 형태의 재료로, 주로 탄산칼슘($CaCO_3$)으로 구성되어 있다. 자연 재료이기 때문에 환경에 미치는 영향이 비교적 적으며, 주로 시멘트와 혼합하여 사용된다. 미세한 입자 크기로 혼합물의 작업성을 향상하고, 높은 백색도를 가지고 있다. 상대적으로 저렴해 경제적이고, 시멘트와 혼합 시 내구성을 향상한다. 그러나 높은 비율로 배합할 경우에는 시멘트의 강도를 저하할 수 있기에 적정량을 사용하는 것이 중요하다. 또한, 혼합물의 수축을 증가시켜 균열의 원인이 될 수 있다.

산성백토

점토의 일종으로 연회색의 미세한 분말이다. 다공질로 대단히 넓은 표면적을 가지고 있다. 산성백토를 물에 섞었을 때 그 액체가 산성을 띠어 이런 이름이 붙여졌다. 가소성이 뛰어나, 쉽게 성형할 수 있고 건조 후에도 균열이 발생할 가능성이 낮다. 접착력이 높으며 고온에서도 안정성을 유지해 화재에 대한 저항력이 있다. 자연적인 색상과 질감이 특징이다.

포졸란

포졸란

이탈리아의 도시 포추올리Pozzuoli에서 채취되어 포졸란pozzolan이라는 이름이 붙었다. 화산회와 화산암의 풍화물로, 가용성 규산을 많이 포함하고 있다. 수경성2)은 없으나 물과 섞이면 석회와 쉽게 화합하여 경화하는 성질을 가지고 있다. 포졸란은 크게 천연 포졸란과 인공 포졸란으로 나뉜다. 시멘트 혼합재, 용성 백토, 규조토, 규산 백토, 응회암의 풍화물은 천연 포졸란이며, 플라이 애시, 소성 점토는 인공 포졸란이다. 포졸란은 시공 작업성을 높이고, 블리딩3)과 재료분리를 줄인다. 수밀성4)이 증가하고, 해수에 대한 저항이 커진다. 또한, 인장강도와 신율5)이 증가하는 효과가 있다.

규조토 _ 단세포 생물이자 해초류의 일종인 규조가 죽은 후 생긴 규산질 유해가 쌓여서 형성된 암석이나 퇴적물을 말한다. 규조는 호수나 바다에 서식하는 미세한 생물로 골격의 성분이 주로 규산으로 이루어져 있다. 다공성 구조를 가져 습기를 흡수하고 배출하는 능력이 뛰어나, 결로현상이나 장마철 습기에 강하다. 곰팡이와 박테리아의 성장을 억제하며, 냄새를 흡수해 실내 공기를 쾌적하게 한다. 천연 재료 특성상 다른 인공재료에 비해 비용이 높고, 비교적 충격에 약하다는 단점이 있다.

규조토

규산 백토_ 석회와 규산을 혼합하여 만든 건축재료로 내구성과 단열성이 뛰어나다. 습기 조절 능력이 있어, 실내 환경을 쾌적하게 유지하며, 곰팡이 발생을 억제한다. 화재에도 강하며, 손상 시 수리가 비교적 간단해 유지보수가 쉽다. 다만, 숙련된 기술자가 필요하며, 천연 재료로 다른 재료에 비해 초기 비용이 높을 수 있다. 잘못된 시공이나 급격한 온도 변화로 균열이 발생할 수 있다.

규석분_ 석영을 미세하게 분쇄하여 얻을 수 있는 재료로 고운 입자의 실리카로 구성된 분말형태를 띤다. 규석분은 높은 순도의 실리카(SiO_2)로 구성되어 있어 화학적으로 안정적이다. 매우 미세한 입자로 구성되어 있어 표면적이 넓은 동시에, 반응성이 높고 고온에서도 안정성을 유지한다. 콘크리트와 혼합하면 강도와 내구성을 크게 향상시킨다. 그러나 미세한 입자 크기로 작업 중 먼지가 날 수 있고, 작업자의 건강에 영향을 미칠 수 있다. 배합비율을 정확히 조정하지 않으면 원하는 물리적 특성을 얻기 어렵고, 고순도의 규석분은 비용이 많이 들 수 있어 대량 사용 시 경제성이 떨어질 수 있다.

플라이 애시_ 인공 제품으로 가장 널리 쓰이는 포졸란의 일종이다. 플라이 애시는 석탄화력발전소에서 석탄 연소 후 발생하는 발전소 부산물로 전체 석탄회 중 약 75~80%를 차지한다. 플라이 애시 입자의 크기가 시멘트와 비슷하여 콘크리트에 20~30%를 혼합해 사용하면 콘크리트 양생 시간은 다소 길어지지만, 작업성이 개선되고, 수화열이 낮아지며, 장기적인 강도와 수밀성이 향상되어 경제적이다.

소성 점토_ 인공 포졸란 종류의 하나로 건조된 점토를 고온에 구워 소성한다. 점토광물로 구성되어 미장 작업에서 접착력과 내구성을 제공한다. 물과 혼합하면 유연해져 쉽게 성형할 수 있으며, 경화 후 강도가 증가한다. 또한, 수분을 흡수하고 방출하는 능력으로 건축물의 습도 조절에 도움을 준다.

미장에서의 혼화제

『GARM 03 콘크리트』에서 AE제, 감수제, 촉진제 등과 같은 화학 혼화제를 다룬 바 있으니, 본지에서는 다른 혼화제를 소개한다.

폴리머 분산제

시멘트, 석고 또는 석회 기반 혼합물에 첨가되어 입자 간의 응집을 방지하고, 유동성과 작업성을 개선하는 고분자 화합물이다. 혼합물의 점도를 조절하여 바르기 쉽고, 매끄러운 표면을 얻을 수 있도록 도우며, 작업 시간을 연장한다. 또한, 균열이나 표면 결함을 최소화하고 내구성을 높이며, 접착력을 증가시켜 벽이나 바닥에 잘 부착되도록 한다. 내수성[6], 내화학성[7], 내마모성[8]을 개선해 장기적인 성능을 높인다.

접착증강제

콘크리트, 모르타르, 석고 등의 접착력을 강화하여, 탈락이나 박리 현상을 방지한다. 특히 기존 구조물에 새로운 층을 덧붙일 때 유용하다. 또한, 건조하는 과정에서 생길 수 있는 수축, 균열을 최소화하는 데에도 도움을 준다. 작업성을 향상하며 시공이 용이해 효율적이지만, 너무 많은 양을 넣으면 오히려 작업성이 떨어진다. 모르타르에 혼화한 후 30분 이내에 사용해야 한다.

섬유 보강제

콘크리트, 모르타르, 석고 등에 다양한 종류의 섬유를 넣어 물리적 특성을 향상하는 혼화제다. 미세한 균열을 방지하거나 줄이는 데 도움을 주고, 특히 건조 수축이나 열 변화로 생기는 균열 발생을 최소화하는 데 효과적이다. 섬유가 콘크리트 내부에서 인장력을 분산하기 때문에, 인장강도가 향상된다. 또한, 충격이나 하중에 대한 저항성을 증가시켜, 구조물의 내구성을 높이고 유지보수 비용을 줄인다.

폴리프로필렌 섬유_ 주주로 균열 방지와 내구성 향상을 위해 사용된다. 폴리프로필렌 수지를 원료로 만들어지며, 0.1~0.3% 정도의 비율로 혼화해 사용한다. 폴리프로필렌 섬유는 미세 균열의 발생을 방지하거나 줄이는 데 도움을 준다. 가벼운 특성으로, 미장재 전체 중량에 큰 영향을 미치지 않으면서 성능을 향상시킨다.

강철 섬유_ 강철 섬유는 주로 고탄소강이나 스테인리스강으로 제조되며, 높은 인장 강도를 자랑한다. 일반적으로 길이는 일반적으로 25~60mm에 직경은 보통 0.5~1.0mm로 매우 가늘고 짧다. 직선형, 꼬임형, 물결형 등 다양한 형태로 만들어진다. 건조 수축이나 열 변화로 생기는 균열을 효과적으로 줄이며, 외부 하중이나 충격에 대한 저항성을 높인다. 미장의 내구성을 높여 유지보수 비용을 줄이고 수명을 늘린다. 미장재에 균일하게 분산되어 전체적인 구조적 성능을 고르게 향상시킨다.

유리 섬유_ 규사(실리카), 석회석, 소다회 등을 주원료로 하며, 정확한 비율로 혼합해 약 1,400~1,600°C의 고온에서 녹인다. 액체 상태가 된 유리를 작은 구멍이 있는 금속 노즐로 압출하여 섬유 형태로 만든다. 유리 섬유에는 단, 장 섬유가 있는데 미장재로는 주로 단 섬유가 쓰인다. 균열 제어가 주목적이라면 0.1~0.3% 정도의 비율로 혼화하고, 강도와 내충격성이 필요하다면 최대 0.5% 정도 사용될 수 있다. 높은 온도에서도 형태와 성질을 유지하고, 화재 위험이 있는 환경에서도 안전하다. 매우 가벼워 중량을 증가시키지 않으면서도 강화 효과를 제공한다.

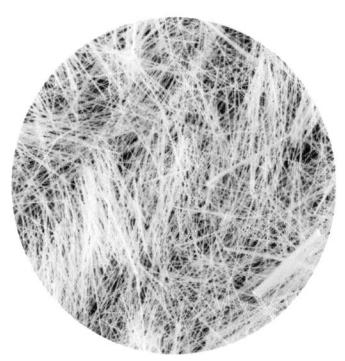
폴리프로필렌 섬유

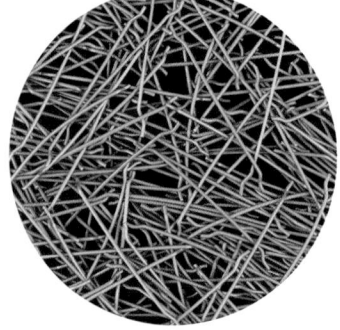
강철 섬유

유리 섬유

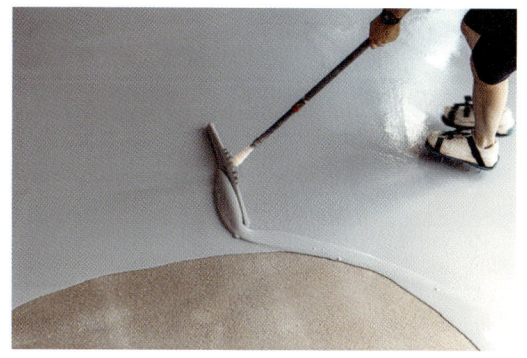
에폭시 수지

폴리우레탄 수지

합성 수지계 혼화제

합성 수지계 혼화제는 주로 작업성, 접착력, 내구성, 내수성 등을 개선하는 데 사용된다. 다음은 일반적으로 사용되는 합성 수지계 혼화제의 종류다.

폴리머 라텍스_
- 아크릴계 라텍스: 내구성과 내수성을 향상시켜 외부 환경에 노출되는 미장재에 적합하다.
- 스티렌-부타디엔 라텍스(SBR): 접착력과 내마모성을 높이며, 특히 바닥 미장에 많이 사용된다.

에폭시 수지_ 고강도와 뛰어난 접착력을 제공하여, 구조적 보강이 필요한 경우에 사용된다. 내화학성도 우수하여 산업용 바닥재에 적합하다.

폴리우레탄 수지_ 유연성과 내구성을 동시에 제공하며, 방수성과 내화학성이 요구되는 환경에서 사용된다.

폴리비닐 아세테이트(PVA)_ 주로 접착력을 개선하기 위해 쓰이는 경우가 많으며, 실내 미장재에서 활용된다.

아크릴레이트 수지_ 자외선 및 날씨 변화에 강한 특성이 있어, 외부 미장재에 적합하다.

착색제

착색제는 미장재에 색을 입히기 위해 사용되는 안료 또는 염료로, 다양한 색상과 톤을 다채롭게 함으로써 건축물의 미적 가치를 높인다.

합성산화철류_ 가장 일반적으로 사용되는 무기 안료로, 내구성이 뛰어나며 다양한 색상을 제공한다. 비교적 저렴한 비용으로 많은 색을 구현할 수 있어 경제적이고, 자외선, 습기, 화학 물질에 대한 저항성이 뛰어나 색상이 오래 유지된다. 색은 산화철의 화학적 조성에 따라 달라진다. 산화철은 그 제조, 처리 방법에 따라 입경[9]이 달라서 0.01㎛에서 0.6㎛까지 광범위하다. 미세한

착색제

것은 황색이 강하고, 굵어짐에 따라 적, 동, 자색이 된다. 산화철의 원료는 황산철(Fe_2SO_4) 혹은 염화철($FeCl_3$)이다. 이러한 철 원료에 알칼리를 첨가해 중화시키고, 공기를 불어넣어 산화시킨 후 건조, 분쇄 공정을 거치면 황색 또는 흑색인 산화철이 완성된다. 색상은 산화 정도에 따라 결정되는데, 산화 정도는 원료의 pH 수치나 불어넣는 공기 온도에 의해 조절된다.

산화크롬_ 산화크롬(Chromium Oxide, Cr_2O_3)은 녹색 안료로 널리 사용되는 화합물로, 매우 안정적이며 여러 산업 분야에 쓰인다. 약 2,435°C의 높은 융점과 낮은 용해도를 가지고 있어, 내열성과 내화학성이 뛰어나다. 매우 선명하고 안정적인 녹색을 제공하고, 시간이 지나도 퇴색하지 않으며, 자외선, 습기, 산성 및 알칼리성 환경에 대한 저항성이 뛰어나 외부 미장 작업에 적합하다. 화학적으로 안정되어 있어 다른 미장 재료와 혼합해도 화학 반응을 일으키지 않으며, 색상 변화가 없다.

카본블랙_ 석유계 중유나 타르와 같은 액체 탄화수소가 고온의 공기와 혼합하여 일부 연소하는 과정에서 미세한 탄소 입자가 발생하는데, 이 입자들이 응집된 것을 카본블랙이라 한다. 주로 도로, 인도, 건축물의 외장재에서 검은색을 구현하는 데에 쓰이지만, 다른 색상의 물질과 혼합하여 다양한 색을 낼 수 있다. 플라스터와 모르타르의 색상 조절에도 사용되며, 모던하고 세련된 외관을 연출한다. 그뿐만 아니라 자외선 차단 효과도 있어 열화를 방지하는 데에 기여하고, 전기 전도성을 부여할 수 있어 특정 산업 분야에서는 정전기 방지용으로도 사용된다.

산화티탄_ 산화티탄(TiO_2)은 주로 백색 안료로 사용되며, 심미적, 기능적 특성을 향상시킨다. 백색도를 높이는 동시에 자재 내구성을 강화하는 데에 쓰이는 무기 화합물이다. 또한, 미장재의 색상을 균일하게 만들어 건물의 완성도를 높인다. 자외선에 대한 저항성이 뛰어나 외부 환경에 노출되는 미장재의 내구성을 높인다. 시간이 지나도 색상과 물리적 특성이 유지되게끔 돕는다.

카본블랙

우뭇가사리, 해초

회반죽용 풀

전통적인 재료와 개량된 재료로 나뉜다. 전통적인 회반죽용 풀은 환경 친화적이면서도 호흡성이 우수하다. 대표적으로 해초풀, 우뭇가사리, 아교 등이 있다. 그러나 내수성이 약하고, 부패하기 쉬우며, 시공이 까다롭다는 단점도 있다. 개량된 회반죽용 풀은 이러한 단점을 보완하기 위해 나왔다. 합성된 고분자 화합물을 주성분으로 하며, 내수성, 내구성, 작업성이 우수하며 시공이 간편하다. 그러나 전통 재료보다 친환경성이 떨어질 수 있다. 회반죽용 풀은 회반죽 미장의 완성도를 높이는 데 중요한 역할을 한다. 전통적인 재료와 개량된 재료의 장단점을 비교해 시공 환경과 목적에 맞는 제품을 선택해야 한다.

해초풀

해초에서 추출한 천연 접착제로 전통건축에서부터 현대적인 응용에 이르기까지 다양한 용도로 사용된다. 건조된 해초를 물에 불리고 나서 끓인 후 체에 걸러 걸쭉한 액체만 남기는 식으로 만들어진다. 필요에 따라 물을 더 추가하여 농도를 조절할 수 있다. 천연 재료로 만들어지는 친환경 재료로 강한 접착력을 제공해 안정적이고, 내구성이 좋다. 또한, 해초풀은 습기를 흡수하고 방출하는 능력이 있어 실내 습도를 조절하거나 쾌적한 실내 환경을 유지하는 데에도 도움을 준다.

은행초

예로부터 도배용 풀이나 미장재로 사용되었으나 최근에는 보기 어려워진 재료로, 우리말로 '도박'이라고 한다. 합성 접착제에 비해 내구성이 낮고 대량 생산이 어려워, 전통적인 방식으로 작업하거나 친환경 마감을 원하는 경우에 주로 쓰인다. 물에 쉽게 풀리고, 빠르게 건조되어 작업 시간을 단축한다. 냄새가 적어 사용하기에도 편리하다. 그러나 습도 변화에 취약하기 때문에 시간이 지나면서 접착력이 약해질 수 있다.

1) 소성燒成: 고온에 구워 단단하게 만드는 과정
2) 수경성水硬性: 석회나 시멘트처럼 물에 의하여 굳어지는 성질
3) 블리딩: 콘크리트 치기를 하고부터 경화하는 동안에 혼합수 일부가 분리하여 콘크리트 상면으로 상승하는 현상
4) 수밀성水密性: 물이 밖으로 새지 아니하고 밀봉되어 있는 성질
5) 신율伸率: 연신율이라고도 하며 쇠붙이 따위가 끊어지지 아니하고 늘어나는 비율을 말한다.
6) 내수성耐水性: 수분을 막아 견디어 내는 성질
7) 내화학성耐化學性: 물질이 화학적 물질이나 처리에 견디는 정도
8) 내마모성耐磨耗性: 마찰에도 닳지 아니하고 잘 견디는 성질
9) 입경粒徑: 입자의 지름을 뜻하며, 일반적으로 미크론(μm) 또는 밀리미터(mm) 단위로 측정된다.

4

ISSUE

방수, 미장, 외장의 연계

미장 공사는 일반적으로 건물 표면을 치장하는 과정인 만큼, 시공 순서상 건축 공정의 후반부에 해당한다. 내·외장 마감, 방수 또한 이 과정으로 분류하는 것이 일반적이다. 각각의 시공 과정과 역할은 저마다 다르지만, 서로 깊게 연관되어 각 기능에 중요한 영향을 끼친다. 이들 공정은 각각 어떤 차이가 있는지, 또 어떻게 연계되는지 살펴보자.

-
글 박소정
취재 협조 서울과학기술대학교
김병일 교수

건축은 인간이 자유로운 생활을 영위할 수 있도록 이에 맞는 공간을 제공하는 학문이며, 건축가는 사람에게 필요한 공간을 제공하기 위해 목적에 적합한 건축설계를 진행하는 전문가다. 주어진 요건에 맞춰 설계 도면을 작성하는 것이 첫 번째 과정이라면, 해당 단계의 결과물인 도면을 토대로 구조공학 기술을 활용해 건축물의 뼈대를 구축하는 것이 두 번째 과정이다. 이렇게 만들어진 구조물에 배관과 전기 작업을 하고 각종 마감 재료를 더해 내·외부를 마감하는 것이 일반적인 건물의 공정이다.

더 자세히 들여다보자. 건축물의 뼈대가 완성되면 지진이나 태풍 등에 저항할 수 있는 성능이 생긴다. 하지만 건축물이 물이나 열 등 외부 환경에 노출될 때 내부 온도를 안정적으로 유지하고 누수가 발생하지 않게 하기 위해서는 단열 및 방수 공사가 진행돼야 한다. 건물의 보이지 않는 곳에서 물의 흐름을 담당하는 설비는 인간의 장기와 같이 중요한 역할을 담당한다. 단열 설비 및 방수 공사가 완료된 후에는 내·외장재를 사용한 마감 공사로 이어진다. 마무리 과정에 해당하는 마감 공사의 종류는 방수, 방습, 타일, 지붕, 홈통, 금속, 커튼 월, 미장, 창호, 유리, 도장 등이 있다. 거친 면에 견출 작업(면 처리 작업이라고도 부르며, 거친 콘크리트 골조 표면을 평활하고 매끈하게 마무리하는 작업)을 하고, 부분별로 필요한 성능(단열, 방수, 결로, 내화, 기밀)을 만족하는 재료로 마감 공사(단열, 방수, 수장, 미장 등)를 거치면 공간이 완성된다. 이후 눈과 피부에 노출되는 부분에 최종 마감재료(타일, 마루, 장판, 벽지, 페인트, 석재 등)를 시공하면 비로소 건물이 완성된다. 각 공정은 상호 긴밀하게 연결되어 있으며, 모든 과정을 완벽하게 시공해야만 하자 없는 건축물을 완성할 수 있다.

각 기능별 목적

그중에서도 서로 밀접하게 연관된 공정이 바로 방수와 미장, 외장 공사다. 방수 공사는 건축물 내·외부의 물이 내부로 스며들지 않도록 방수 성능이 우수한 재료(도막, 시트 등)를 사용하여 마감하는 공사를 뜻한다. 방수 공사의 목적은 물로부터 건축물을 보호하여 오랜 기간 쾌적하고 안정적으로 공간을 유지하는 것이다. 물이 직접 닿거나 물을 사용하는 부위에 시공해 구조체 내부로 물이 들어오지 않게 하고, 혹여나 물이 스며들더라도 방수층이 물의 흐름을 막아 어떤 조건에서도 구조체가 손상되지 않고 튼튼하게 유지되도록 한다. 지붕과 벽체,

지하 주차장 등 주로 건축물 외부에 시공하며, 실내 공간은 주방, 화장실, 세탁실, 베란다 등 물을 사용하는 구조체 표면에 시공한다. 내부에서는 물이 새는 것을 막는 역할을 하며, 외부에서는 물의 유입을 원천적으로 차단하는 역할을 한다. 최근에는 지하 주차장이나 옥상 공간을 조경 공간으로 활용해 휴식 공간이나 놀이 공간으로 사용하는 사례가 많다. 이런 공간은 콘크리트 구조체 위에 방수 및 방근 공사(식물의 뿌리가 건축물의 방수층을 파괴하는 것을 방지하기 위해 하는 공사)를 통해 빗물을 막고 식재된 식물 뿌리가 방수층을 훼손하지 않도록 설계한다. 대표적인 단면 구성 재료로는 구조부와 식재기반부로 구성된다.

    미장 공사는 흙, 모르타르, 석고 플라스터, 회반죽 등의 재료를 사용해 건축 구조체(슬래브, 벽, 기둥) 내·외부에 흙손이나 뿜칠기 등의 기구로 마무리하는 공사다. 마루나 타일 공사를 진행할 수 있는 최적의 바탕환경을 만드는 공사로, 마감 공사의 선공정에 해당한다. 일례로 아파트의 경우 미장 공사 후 거실과 방에 벽지를 바르고, 욕실에는 미장 공사를 마친 뒤 벽과 바닥에 타일을 부착한 후 마무리한다. 거실과 방의 바닥은 미장 공사 후 장판 혹은 마루를 부착한 후 마무리하며, 세탁실은 미장 공사 후 페인트를 발라 마무리한다. 미장 공사에 주로 쓰이는 재료는 모르타르이며, 이를 벽체 표면에 바른 후 목적에 따라 적절한 최종 마감을 진행한다.

    외장 공사는 건축물 외피를 완성하는 단계로, 돌, 타일, 유리 등과 같이 외부환경에 화학적, 물리적으로 강한 기능성 재료를 활용하여 구조체를 감싸는 공정이다. 외부 시야를 확보하고 신선한 공기를 유입하면서 동시에 여름철이나 겨울철 실내온도를 유지하기 위해 단열 성능이 좋은 창호 시스템을 선택하는 것이 필수적이다. 또, 창이 없는 부분에는 다양한 크기의 얇은 석재 판을 부착해 외부 공사를 마무리하기도 한다. 건물 외벽에 시공하는 외장재인 커튼월과 석재 공사는 단열재와 적절히 시공하면 단열 효과와 더불어 방수 성능에도 부합할 수 있다. 석재처럼 강도가 있는 외장재는 먼저 단열재를 구조 벽체에 고정한 후 연결철물로 외벽에 고정하여 작업한다. 이런 과정을 통해 외장재는 기본적 단열 및 방수 성능과 함께 외관의 아름다움을 연출하고 구조체를 보호하는 역할을 한다. 외장 시공은 과거에는 구조체 벽면부에 모르타르(미장 공사)를 바르고 석재를 부착하는 습식공법(현장에서 물을 사용하는 공법)을 주로 사용했지만, 최근에는 현장의 환경 변화와 시공 기술의 발달로 연결 철물을 벽체에 고정한 후 재료를 부착하는 건식공법(현장에서 물을 사용하지 않는 공법)으로 진화했다. 공법의 발달로 현장은 시간과 비용, 인건비 등을 절감할 수 있고 장기적으로는 내구성이 향상되는 결과를 얻을 수 있었다.

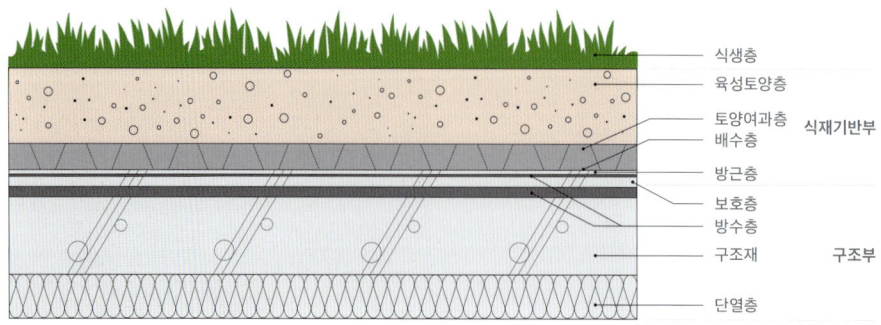

옥상녹화시스템 구성요소(방수, 방근층)
단열과 방수구조는 역전방수로도 가능하다. (「GARM 23 방수」 p.94 참고)

방수와 미장, 외장의 진화

대표적인 방수 재료인 아스팔트는 과거부터 지붕 및 지하실 등에 시공됐다. 1980년대는 현장에서 아스팔트를 가마에 넣어 열을 가해 용융시킨 후 시공했다. 현장에서 용융한 아스팔트는 점성이 우수하고 방수 성능이 뛰어나지만, 현장 시공 성능(시간, 장비, 인력 등) 관점에서 비효율적이다. 이에 따라 상온에서도 바로 적용할 수 있도록 아스팔트를 화학적으로 개량한 '개량 아스팔트 시트' 형태로 현장에 보급되고 있다. 개량 아스팔트 시트는 얇은 부직포에 용융 아스팔트를 스며들게 하여 시트 형태로 공장에서 미리 제작되며, 현장에서 간편하게 시공할 수 있도록 진화하고 있다.

작업자의 고령화, 외국인 건설노동자와의 의사소통 등 여러 문제로 인해 공사 품질을 확보하는 것 또한 현실적으로 어렵다. 이러한 어려움을 극복하기 위해 국내 대형 건설사에서는 건설 자동화 공정 기술을 도입하고 신기술을 확보하기 위해 노력하고 있다. 대표적인 예로 AI 바닥 미장 로봇(콘크리트 타설, 재다짐, 마무리 미장, 양생 및 보양), 벽체 자동 미장 로봇 기술, 외벽 로봇도장 기술(아트봇 Artbot)을 들 수 있다. 벽체 자동 미장 로봇은 현장에서 준비한 모르타르 기계에 투입해 벽면의 아래에서 부터 위까지 미장하는 기술이 탑재된 로봇이다. 외벽 로봇도장 기술을 가진 아트봇은 원격으로 프린터를 제어하는 기술로, 옥상에 연결된 로프를 통해 도장 로봇이 내려오면서 충전식 4색 도료를 DOT 분사하는 기술이다. 이 자동화 기술을 통해 건물 외벽에 대형 이미지를 제작하거나 도장 작업을 진행하기가 수월해질 것이라 예측한다. 여러 공정의 일체화, 건식화, 그리고 자동화 및 로봇 기술을 통해 방수, 미장, 외장은 서로 연관되어 발전을 거듭할 것이다.

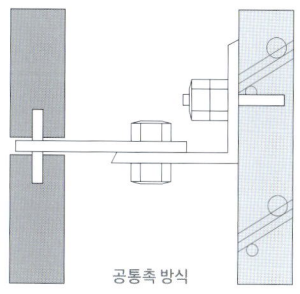

공통촉 방식

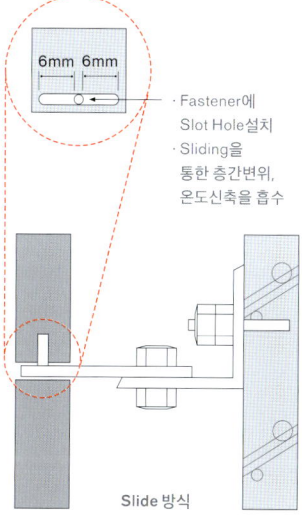

Slide 방식

석재 건식공법의 예(연결철물을 사용하여 석재와 콘크리트를 연결)
(「GARM 09 석재」 p.111 참고)

김병일

University of Florida에서 공학박사를 취득했다. 건축시공(신기술, 신공법) 및 재료(구조, 마감)를 연구하고 있으며 현재 서울과학기술대학교 건축학부 교수, 건설기술연구소 방수기술연구센터장, WAVECon 대표를 맡고 있다.

Limits

건축 미장은 왜 아직도 수작업일까

최근 건설 현장에 다양한 첨단 기술과 공법이 도입되면서 건축 업계는 큰 변화를 마주했다. 과거 건축물은 사람의 손으로 만들어졌지만, 이제는 현장에 도입된 기계화 및 자동화 시스템이 인간의 육체적 노동을 대체하거나 보완하고 있다. 작업의 생산성과 효율성을 확보할 뿐만 아니라 안전도 담보할 수 있다는 점에서 향후 건축의 보다 많은 부분에서 기계가 그 역할을 대신할 것으로 예측된다. 그러나 미장은 건축의 공정 중 아직까지도 유일하게 사람의 손을 필요로 한다. 그 이유는 무엇일까?

-
글 박지일

작업의 복잡성과 정교함

미장은 단순히 혼합된 재료를 벽면에 바르는 것이 아니라, 특정한 질감과 형태를 구현하는 데 중점을 둔 작업이다. 여기에는 고도의 기술과 정교함이 요구된다. 이때 각기 다른 종류의 미장재와 보강재는 특정한 조건에서 최적의 성능을 발휘해야 한다. 아울러, 바름면의 상태, 기후 조건 등도 변수로 작용하는 만큼 프로젝트마다 요구되는 접근 방식은 서로 다르다. 일례로 작업 현장의 습도나 온도는 미장재의 경화 속도에 직접적으로 영향을 미치고, 벽면의 곡선이나 복잡한 디자인 요소를 완벽하게 구현하는 데는 숙련된 기술자의 역할이 매우 중요하다. 따라서 경험이 풍부한 기술자가 각 상황에 맞게 조정할 수 있는 능력이 필수적이다.

이러한 작업 방식만이 지닌 고유한 질감과 깊이는 기계적인 방법으로 결코 대체될 수 없다. 따라서 작업자는 각 재료의 물질적 특성을 이해하고 적절한 비율로 혼합해야 하는데, 이는 오랜 경험과 전문적인 지식을 전제로 한다. 결국 미장의 완성도를 높이기 위해서는 작업자의 숙련도에 크게 의존할 수밖에 없는 것이다.

결여된 유연성

건축물의 특성과 건설 과정에서 요구되는 사항은 저마다 다르다. 기계화 시스템은 이와 같은 변수에 빠르게 적응하기 어렵다. 예를 들어 대형 건물의 표면 처리 작업과 소형 주택의 미장 작업에 사용되는 기술이나 접근법은 서로 다르다. 반면, 기계에는 기본적으로 고정된 설정값이 적용되어 있다. 건축 현장에서 발생할 수 있는 비표준 상황이나 예기치 않은 변수들도 기계화의 유연성을 감소시킨다. 기계는 돌발 상황에 대응할 만큼 즉각적이면서도 자율적인 조정을 수행하기 어렵다.

현행 기술과의 부조화

건축 미장 공정의 기계화를 지연시키는 또 다른 원인으로는 현행 기술과의 적합성 문제를 꼽을 수 있다. 현재 사용되고 있는 기계 및 장비는 전통적인 미장 작업에 필요한 사항에 완벽하게 부합하지 않으며, 이는 기계화의 효과적인 도입을 어렵게 만든다. 기계는 주로 대량 생산에 초점을 맞추고 설계되었으나, 이와 달리 미장 작업은 정교한 기술을 요한다. 따라서 기존의 기계가 이러한 복잡한 작업에 적용될 때 발생하는 한계는 기계화 추진에 큰 장애가 될 수 있다. 또한, 기존 장비들은 대체로 무겁고 이동이 용이하지 않아 다양한 작업 환경에서의 활용성이 떨어진다. 나아가, 현재의 미장 기계들은 작업의 정밀도와 세밀함에 있어 한계를 보인다. 미장 작업에는 다채로운 질감과 마감이 요구되고는 하는데, 기존 장비는 이러한 특수 요구에 부합하지 못하는 경우가 많다.

그러나 작업할 사람이 없다

이렇듯 수작업의 필요성이 강조되는 미장이지만, 그럼에도 미장은 결국 자동화의 흐름을 거스를 수 없어 보인다. 그 이유는 수작업에서 가장 중요한 인간에게서 찾을 수 있다. 건축 산업은 기술의 발전과 함께 큰 폭으로 변화하고 있지만, 노하우와 경험을 갖춘 숙련된 작업자의 존재는 현장에서 여전히 필수적이다. 미장은 정밀한 손길과 감각을 훨씬 더 많이 요구하는 분야인 만큼 기계만으로 이러한 세밀한 작업을 수행하기에는 한계가 있다. 더욱이 숙련된 노동력에 대한 수요는 증가하는 반면, 공급은 원활하지 않아 이들을 활용하려는 경쟁은 치열하다. 이는 작업자 간 임금 격차를 초래해 일자리의 매력을 떨어뜨리며, 신규 인력이 유입되기 어려운 악순환을 일으킨다. 따라서 장기적으로 지속 가능한 건축 산업을 위해서는 숙련된 노동력이 부족한 상황을 해결하려는 노력이 시급하다.

한편 젊은 세대가 건축 분야로 진출하기를 기피하면서, 기존에 숙련된 인력들이 은퇴하며 발생하는 인력 공백 또한 심화하고 있다. 통계청이 발표한 2017년 지역별 고용 조사에 따르면, 미장공은 남성이 대부분이고 50~60대 연령 비율이 75% 이상을 차지할 만큼 고령화되어 있다. 20대 이하는 단 1.7%에 그쳐 미래에는 미장 전문가를 찾아보기 어려울 수도 있다. 기술 개발에 따른 생산성 향상도 숙련된 노동자들을 떠나게 만드는 요인이다. 건축부재를 모듈화하여 공장에서 사전 제작하는 등 인력과 시간이 많이 소요되는 습식공사(미장, 방수, 조적, 타일 등)를 줄이는 방향으로 기술 발전이 이루어지고 있기 때문이다. 특히 미장의 경우, 시공 가격이 높고 공사 기간이 길어 미장 작업이 필요 없는 벽체를 사용하는 등 그 수요 또한 줄어드는 추세다.

종사현황

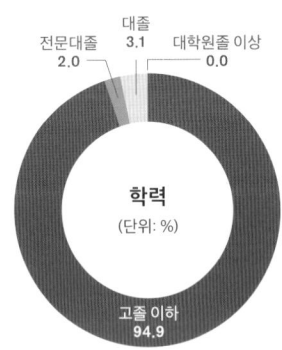

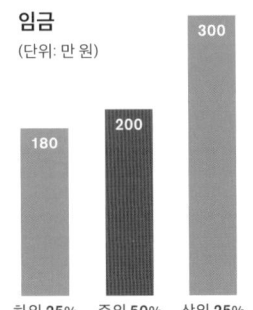

자료: 통계청(2017), 지역별고용조사

미장 기계화를 위해서는

기술이 발전하고 있음에도 미장 분야에서 탈인력화가 지연되고 있는 이유에는 앞서 언급된 단점들로 인해 기업이 새로운 기술 도입을 꺼린다는 점도 있다. 기계화는 결과물의 균일한 품질을 확보하는 것을 목표로 한다. 미장의 경우 기계화를 통해 일관된 품질을 제공할 수 있다는 잠재력은 분명하지만, 이를 실현하기 위한 조건이 그리 만만치 않다.

첫째는 작업의 반복성과 정확성을 높이는 것이다. 이는 인간 작업자의 주관적 판단이나 실수에 의한 변수를 줄여, 대량 생산 시 동일한 품질을 보장하는 데 기여할 수 있다. 자동화된 스프레이 시스템이나 레이저 정밀 장비는 위치와 각도를 일관되게 유지하면서 두께와 질감이 일정한 미장 작업물을 완성할 수 있다. 둘째는 데이터 기반의 품질 관리를 가능하게 하는 것이다. 센서를 통한 실시간 모니터링 및 피드백 시스템이 도입될 경우, 작업 과정에서 발생할 만한 품질 저하 요소를 즉시 발견해 수정하는 메커니즘을 제공할 수 있다.

건축 미장 분야에서 수작업과 기계화는 서로를 보완하는 관계에 있다. 현대 기술의 발전은 작업의 효율성을 높이고 일관된 완성도를 제공하지만, 수작업의 정교함과 섬세함을 완전히 대체할 수는 없다. 그런 만큼 수작업과 기계화의 조화는 당장 실현 가능한 목표일 수 있다. 수작업은 독창성과 감성을 담아내는 한편, 기계화는 속도와 정확성을 높인다. 이 두 가지 접근 방식을 통합하는 데서부터 미장 기계화를 향한 본격적인 움직임이 시작할 것이다.

Function

미장에
기능을 더하다

스토STO와 테라코Terraco, 드라이비트Dryvit와 스타코stucco는 모두 건축 외장 마감재 또는 외장 시스템과 관련된 용어다. 스타코를 제외하면 모두 특정 기업의 이름이지만, 외단열 시스템 EIFS(Exterior Insulation and Finish System)으로 통용된다. 이들은 모두 미장에 더해 단열이나 방수 등 별도의 기능을 가진다는 공통점이 있다. 스티로폼을 연상시키는 단열재를 외벽에 부착하고, 메쉬와 접착제를 바른 후 미장 마감을 거치는 시공 방법 또한 유사하다. 각각의 시스템은 어떤 차이가 있는지 살펴본다. 「GARM 22 단열」 참고

글. 박지일

STO

STO(이하 스토)는 1835년 독일에서 설립된 친환경 종합 건축자재 회사다. 시멘트와 석회공장으로 시작해 현재는 전 세계 55개 국가에서 3,000개 이상의 지점을 운영하는 연 매출 1조 5천억 원의 글로벌 기업이다. '의식 있는 건축Building with Conscience'이라는 미션과 더불어 친환경적이면서도 혁신적인 건축자재를 생산한다. 드라이비트와 마찬가지로, 이 기업의 핵심 사업은 회사의 이름과 동일한 '스토 외단열 시스템'이다. 스토의 가장 큰 장점은 지속가능성이다. 1965년 시스템 개발 이후 에너지 절약과 친환경적인 제품 생산에 방점을 두고 있으며, 특히 고품질 단열 성능 덕분에 친환경 건축 기준을 충족시키는 데 크게 기여하고 있다. 2020년을 기준으로, 전 세계 건물에 설치된 스토의 외단열 시스템은 약 1,030억 리터의 난방유 절감을 가능하게 했는데, 이는 대형 유조선 412척의 용량에 해당한다. 이러한 방식으로 이산화탄소를 약 3억 7천만 톤 감소시켰다는 통계도 발표한 바 있다.

제품에 따라 조금씩 차이는 있지만, 일반적으로 유기질 단열재와 미네랄 베이스코트, 마감재로 결합된다. 기후 변화에 강한 특성이 있어 눈과 비, 바람 등 극한 외부 환경에도 내구성을 유지할 수 있으며 단열 성능이 뛰어나 에너지 절약에도 기여한다. 또한, 보수가 용이하고 다양한 디자인 옵션으로 건축물의 개성을 살릴 수 있어 맞춤형 설계가 가능하다.

스토의 최종 마감에는 로투산Lotusan이라는 자체 개발 페인트가 쓰인다. 로투산은 SREP(Silicone Resin Emulsion Paint) 마감재로, 자정 작용을 가진 실리콘수지에멀젼 페인트다. 이 페인트는 연잎 표면에 나 있는 미세한 돌기로 인해 물방울이 잎에 스며들지 못하고 굴러떨어지는 방수 효과에서 착안해 개발됐다. 빗물로 청소가 가능한 기능성 제품으로 표면 발수 효과가 15~20년간 유지되어 건물의 유지보수에 탁월할 뿐만 아니라, 외벽 색상이 변색되는 경우가 10년에 약 5%일 만큼 변색이 거의 없다고 알려졌다. 스토의 제품 대부분은 직영 체제로 관리되는 만큼, 시공자의 역량과 관계없이 일정 수준 이상의 품질을 보장한다. 하지만 스타코 플렉스에 비해 단가가 20% 이상 높은 탓에 예산상의 이유로 시공이 다소 제한적이다.

테라코

테라코는 1980년에 설립되어 현재 세계 75개국에서 활동하는 건설, 건축자재 시장의 유럽계 글로벌 기업이다. 핸디코트에서 시작해 접착제, 방수재, 흡음재, 바닥 마감재, 외단열 시스템 마감 제품 등을 아우르며, 주요 제품군은 건축용 퍼티, 내·외부 마감재 및 외단열 시스템, 접착제품류 등이다. 2005년부터 자체 친환경 인증인 '에코라이프' 개념을 도입해 휘발성유기화합물(VOC), 포름알데히드 등 유해물질이 없는 제품을 생산한다. 사용자는 물론 생산 직원, 작업자에 끼치는 유해성까지도 고려해 무해성과 저소음, 친환경 제품 제조, 쾌적한 생산 환경을 조성하고 운영 중이다. 1987년부터 한국 법인인 테라코코리아를 통해 국내의 온도와 기후에 적합한 기능성 제품을 개발, 생산하고 있다. 테라코의 제품은 유럽의 외단열 시스템 기준을 충족시키며, 한국에서도 이와 동일한 시스템을 적용하여 공급한다. 표준형 외단열 시스템뿐 아니라 목구조 외단열 시스템과 FED 외단열 시스템 등을 갖췄다. 기존 제품을 비롯해 신제품이 나오면 본사 R&D센터를 통해 트레이닝하고, 한국뿐 아니라 각 국가의 법인에서는 이 내용을 시공자에게 교육한다.

테라코의 주요 제품인 실리콘수지 마감재는 아크릴과 특수 수용성 실리콘 레진을 주제로 한 실리콘계 페인트로, 수증기 투과성과 물 반발력에 의한 내구성을 극대화한 제품이다. 곰팡이, 결로, 백화, 오염 등 외장재의 주요 결점을 방지해주는 것이 특징이며, 색상의 변색이나 탈락을 10년 동안 보장한다. 해안가나 섬 지역 등 온도 및 습도가 높은 극한의 기후 조건에서도 사용될 수 있도록 개발됐다. 또한 저분진 핸디코트는 특수 아크릴을 이용해 샌딩 시 발생하는 분진이나 비산을 획기적으로 줄이는 기능을 담았다. 핸디코트와 동일하게 석고보드의 조인트처리, 모르타르면, 경량 혹은 일반 콘크리트 면의 잔크랙 및 흠집 보수 등 부분 보수뿐만 아니라, 벽면 전체의 평활도를 향상시키는 올 퍼티 시공 용도로도 사용할 수 있다.

한편 테라코코리아는 도심권에 물류센터를 지어 주문 후 2시간 이내에 배송 가능한 시스템을 구축했다. 일반적으로 전용 물류 차량이 하루 한 차례 배송하는 것과 달리, 하루 2~3회 배송이 가능해 변화가 많은 건설, 건축 현장 요구에 탄력적으로 대응한다. 배송뿐 아니라 국제 외단열 마감 표준을 준수할 수 있도록 시공자 교육에도 중점을 두고 있다.

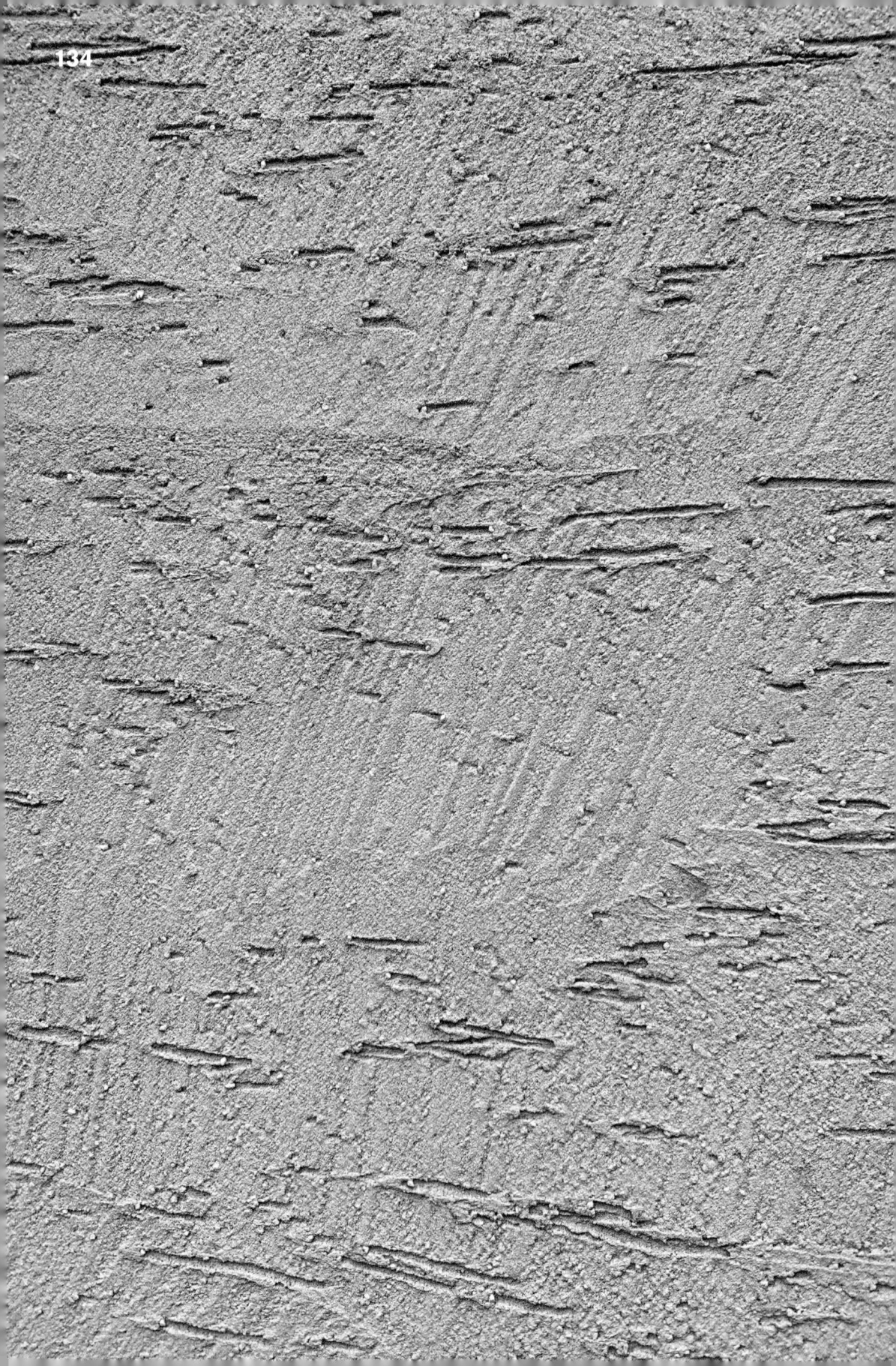

드라이비트

드라이비트 시스템은 '폴리스티렌'(『GARM 15 플라스틱』 참고) 단열재에 섬유 강화 메쉬와 모르타르를 덮어 도료로 마감하는 방식으로, 1960년대 유럽에서 외단열 시스템의 한 종류로 개발됐다. 드라이비트는 하나의 재료를 일컫는 말이 아닌, 하나의 시스템이다. 단열재, 접착제, 유리섬유, 마감재로 구성된 시스템이 유기적인 결합을 이루면서 외단열 마감재로 기능한다. 제2차 세계대전으로 무너진 건물을 재건하기 위해 독일(당시 서독)의 에드빈 호르바흐Edwin Horbach가 개발했으나, 이후 미국의 드라이비트사Dryvit Systems, Inc.가 상업적으로 성공시키며 지금은 특정 회사의 제품명을 넘어서 유사 시스템을 지칭하는 보편적인 용어로 사용된다. 경량 구조와 우수한 단열 성능, 저렴한 가격 덕분에 한때 선풍적인 인기를 끌었다.

드라이비트는 건물 외부에 단열재를 부착하기 때문에 열 손실을 줄이고 에너지 효율을 높이는 데 탁월하다. 상대적으로 가벼운 까닭에 건물 구조에 추가적인 하중을 주지 않으며, 다양한 색상의 마감재를 사용할 수 있어 건물 디자인의 자유도가 높다. 주요 성분은 폴리스티렌 비드와 접착제로, 드라이비트의 폴리스티렌 비드는 충격에 강하고 뛰어난 단열 성능을 갖춰 에너지 효율성을 높인다. 드라이비트의 두께는 건축 용도에 따라 30~200mm로 시공한다. 드라이비트의 또 다른 특징은 설치가 비교적 간편하다는 점이다. 적절한 작업 조건 하에 시공이 이루어진다면, 공사 기간을 단축할 수 있으며 이에 따른 비용 절감의 효과도 있다. 건물의 요철이나 곡면 부위에도 얼마든지 시공이 가능하다. 그러나 설치 후에는 기후 변화에 따라 물리적 손상이 발생할 수 있는 만큼, 이를 고려한 유지관리가 필수적이다. 또한, 다양한 색상 연출은 가능한 반면 스타코와 스토에 비해 질감의 표현은 극히 제한적이다.

저렴한 가격, 색상의 다양성, 보수의 용이성 등 장점이 많은 시스템이지만, 최근 사용 빈도는 그리 높지 않다. 최근 몇 년간 대형 화재 사건의 주된 원인으로 드라이비트가 지목되었기 때문이다. 드라이비트가 사용된 건축물에 화재가 발생할 경우, 단열재로 쓰인 스티로폼을 타고 불길이 삽시간에 번지는 데다가 다량의 유독가스를 배출하며 인명피해가 커진다는 이유에서다. 그러나 이러한 원인이 공법 자체의 문제인지, 불량 시공 때문인지는 그 원인이 불분명한 탓에 논란의 여지가 많다. 일각에서는 드라이비트 시스템 자체보다는 접착제를 주원인으로 보기도 한다.

스타코

스타코는 석회, 시멘트, 모래, 물 등을 혼합하여 만든 외장재로, 고대부터 이어져 온 마감재다. 고대 그리스와 로마에서는 건물을 지을 때 석재를 주재료로 사용했는데, 시간이 지나며 손상된 부위를 스타코를 활용해 보수했다. 중세 유럽에서는 장식적인 효과를 위해 널리 쓰이기도 했다. 대리석 벽체에 스타코를 바르고 이를 갈아내어 광을 내 표면을 마무리하기도 했는데, 이렇듯 건축물 외벽에 바르는 마무리 작업 재료로 흔히 사용되던 석회 반죽 기법 plaster이 동일한 의미의 이탈리아어 스타코로 전해져 왔다는 설도 있다. 이 스타코 기법이 로마외 르네상스 시대를 거쳐 유럽 전역으로 퍼지면서 1800년대 미국의 포틀랜드 시멘트를 베이스로 한 스타코가 유행하게 시작했고, 1900년대에 들어서는 내구성이 더욱 강화된 시멘트 스타코가 널리 사용됐다.

스타코의 최대 강점은 다채로운 색상과 질감을 표현할 수 있다는 점이다. 제조 과정에서 석회나 물, 모래 등의 주요 재료에 색소를 혼합하여 색상뿐만 아니라 표면도 자유롭게 연출할 수 있다. 건물의 벽면이나 천장, 기둥 등 다양한 부위에 시공할 수 있고, 시간이 지나도 형태가 변하지 않으며 물리적·화학적 손상에 강해 여러 겹 덧발라 시공하면 오랫동안 외관을 유지할 수 있다. 한편 우수한 통기성을 가지고 있어 건축물 내부의 수분 조절에 도움을 주며, 곰팡이나 세균의 성장을 방지할 뿐만 아니라 특유의 고유한 질감과 수증기 투과성으로 건축물 내·외부의 습기 조절에도 도움을 준다. 이렇듯 기능적으로 우수하고 시공도 용이하며 가격도 저렴한 반면, 시공 및 도막 박리 등의 하자가 발생하기도 한다.

무엇보다도 스타코가 지닌 가장 큰 문제점은 균열이다. 온도 변화와 습기, 구조적 문제로 크랙이 발생하고, 이를 통해 물이 침투하면 심각한 문제를 일으킬 수 있다. 또한, 스타코로 마감된 안쪽의 손상은 피해가 발생하더라도 겉으로 잘 드러나지 않는다. 급격히 진행되기보다는 시간을 두고 천천히 손상이 가기 때문에 외적으로 손상이 발견됐을 때는 피해가 어느 정도 진행된 상태로 보면 된다. 이러한 단점을 극복하기 위해 탄성을 더해 플렉시블 하게 만든 외장재가 '스타코플렉스'다. 스타코에서 한발 진보한 것으로, 아크릴 베이스로 강화된 합성 스타코 소재다.

건물의 형태와 관계없이 손쉽게 외부에 시공할 수 있어 시공 난이도는 그리 높지 않다. 흙손을 이용한 '샌드' 방식과 뿜칠형의 '파인' 방식이 있으며, 각 방식은 '바름'과 '스프레이'의 차이가 있을 뿐, 방법에 따라 질감을 다양하게 표현할 수 있다. 현장에서 직접 손으로 한 겹씩 덧칠하는 방식으로 작업이 진행되며, 세네 겹 덧발라 두껍게 바르는 방식이 일반적이다. 타설 방식에 비해 다소 시간이 걸리지만, 독특한 외관 질감과 전통적인 느낌을 구현할 수 있다. 화스너 fastener를 창문이나 처마 등에 부착하면 더 견고하게 시공할 수 있다.

Future

인간과 로봇이 공존하는 건설 현장

이창희 현대엔지니어링 책임매니저

AI를 활용한 프로그램으로 건물을 디자인하고, 3D 프린터로 제작된 건물을 실제로 사용하는 시대가 왔다. 혹자는 AI의 발전이 산업 전반에 걸쳐 인간의 자리를 위협할 수 있다며 우려하기도 하지만, 작업 난이도가 높고 위험한 건설 현장에서는 AI가 모두를 위한 해결책이 될 수도 있다. 미장은 건축의 여러 분야 가운데서도 특히 기계화·자동화가 더딘 분야다. 현장의 조건과 환경에 따라 결과물이 달라지는 만큼, 수작업의 중요성이 강조되어 온 것. 과연 미장 분야에서도 기술의 발전이 인간의 손을 대체할 수 있을까? 최근 'AI 미장 자동화 로봇(이하 미장 로봇)'을 개발한 현대엔지니어링을 통해 그 가능성을 엿본다.

-
인터뷰 **박소정**
사진 제공 **현대엔지니어링**

감씨(감): 현대엔지니어링은 건설 자동화 기술을 위한 연구 개발을 활발히 수행하는 기업이다. 최근 공개한 미장 로봇의 개발 계기와 과정을 설명해 달라.

이창희(이): 현대엔지니어링은 2020년에 스마트 건설 기술 로드맵을 수립한 바 있다. 그 이후로 스마트 건설 기술 시스템을 지속적으로 개발하고, 이를 실제 현장에 도입하기 위해 노력하고 있다. 건설 로봇 분야는 복잡하고 비정형적인 건설 현장에서 사람 대신 과업을 수행해야 하는 까닭에, 작업의 난이도가 매우 높은 분야이기도 하다. 현대엔지니어링은 건설 로봇 도입의 어려움을 충분히 인지하고 있는 만큼 가장 단순하면서도 비교적 독립적으로 현장에서 작업을 대체할 수 있는 로봇을 우선적으로 개발 및 적용하는 것을 주요 방향으로 설정했다. 이를 토대로 초기에 선정한 작업이 바로 콘크리트 바닥 시공 시 수행하는 기계 미장 작업이다.

　기존에 국내에서는 소위 '외발기', '쌍발기'라 불리는 기계를 활용해 바닥 미장 작업을 수행했다. 외발기 concrete finishing machine 는 유선청소기처럼 사람이 직접 끌고 다니는 형태로 조작하는 기계인 한편, 쌍발기 power trowel machine 는 마치 카트처럼 사람이 직접 탑승해 조작하는 기계다. 초기에 개발한 미장 로봇은 기존 장비와 운영 방식은 동일하되, 조종 방식을 무선 원격 조종으로 변경한 형태를 갖췄다. 운전 방식만 변경하는 만큼 비교적 쉽게 자동화가 가능할 것으로 판단했고, 이것이 미장 로봇 개발의 계기가 됐다. 현대엔지니어링에서 개발한 바닥 미장 로봇은 사람이 탑승할 수 있는 형태의 쌍발기를 소형화하고 무선 조종이 가능하도록 제작됐다. 최근에는 자율주행까지 가능하도록 점진적으로 기술을 업그레이드하고자 노력하고 있다.

감: 미장 작업에는 많은 인력이 투입된다. 건설 현장에 미장 자동화 로봇이 도입된다면 생산성 향상, 안전사고 방지, 품질 향상 등 여러 측면에서 긍정적인 효과를 기대할 수 있다. 실제 현장에서 미장 자동화 로봇은 어떻게 쓰이고 있으며, 어떤 역할을 하고 있는지 궁금하다.

이: 미장 로봇은 사람이 직접 수행해야 했던 기계 미장 작업을 원격 수행하거나, 무인으로 수행하는 것을 목적으로 개발됐다. 미장 로봇의 적용 효과는 상황에 따라 다양하게 나타날 수 있다. 미장공 인력이 부족한 현장에는 미장 로봇을 투입함으로써 부족한 인력을 보충할 수 있고, 안전사고가 우려되거나 협소한 공간에서는 사람 대신 투입돼 작업을 수행할 수 있다. 혹서기에는 기온이 높아서 불가피하게 공사를 중단하는 경우가 종종 생기는데, 이럴 때 미장 로봇과 같은 시공 로봇이 그 역할을 톡톡히 한다. 로봇을 조절하는 사람은 시원하고 안전한 곳에 위치하고 로봇이 대신 현장에 투입되어 작업을 수행하는 방식으로 공사 일정 지연 없이 작업을 이어나갈 수 있다는 장점이 있다. 또한, 기계 미장 공정 이전까지는 미장공이 작업하고 그 이후의 작업에 대해서는 미장 로봇에게 명령을 내리고 퇴근하면 로봇이 야간에 자율작업을 수행하는 것이 가능할 것이다. 이를 통해 현장의 생산성과 안정성을 높이고 공사 기간을 단축하는 등 여러 기대효과를 얻을 수 있다. 아직은 미장 로봇의 자율주행이나 군집주행 기술이 현장에 투입될 수준으로 고도화되지 않았지만, 자율주행 및 군집주행 기술을 기반으로 로봇 여러 대가 자율 작업을 수행할 수 있는 수준까지 기술이 고도화된다면 그 효과는 폭발적일 것이다.

감: 로봇 개발을 위해 인공지능 로봇 및 드론 분야 제품을 연구하는 로보블럭시스템과 협업했다. 타 분야와의 협업 계기와 과정, 결과를 설명해 달라.

이: 현대엔지니어링은 시공에 집중하는 회사인만큼 로봇을 직접 개발할 수 있는 고도화된 역량을 보유하지는 않았다. 그런 까닭에 새롭게 도입하거나 개발하려는 아이템이 있으면 적절한 협력사를 찾아 협업하는 것이 일반적이다. 미장 로봇을 개발하기로 결정한 후 선행 연구와 유사한 로봇 시스템을 폭넓게 조사하는 과정에서 미장 로봇의 역학적 메커니즘이 드론과 유사하다고 판단했다. 실제로 미장 로봇은 드론을 뒤집어 놓은 형태라고 봐도 무방하다. 미장 로봇을 개발하기에 앞서 유사 로봇 또는 드론 개발 경험이 있는 로봇 개발 전문업체를 조사했고, 그 결과 로보블럭시스템과의 공동 개발을 추진하게 됐다.

현대엔지니어링은 로봇 개발의 방향성과 현장 적용 가능성 등을 주로 제시하고, 개발 과정 전반을 점검하며 초기 목표에 어긋나지 않게 검토하는 역할을 수행했다. 로보블럭시스템은 현대엔지니어링에서 제시한 방향성을 구현할 수 있는 로봇의 형태와 세부 기능 등을 제시하고 실제 로봇을 제작하고 구현했다. 건설업계와 로봇업계가 협업하는 과정이 생각만큼 쉽지는 않았다. 전문 분야가 서로 다른 만큼 배경지식이나 용어도 제각각이라 어려움이 컸지만, 협의와 노력을 지속한 끝에 성공적으로 기술을 개발할 수 있었다.

감: 미장 로봇에 이어 최근 개발한 '외벽 도장 로봇'도 주목을 받고 있다. 로봇 박람회, 2023 독일 뮌헨 자동화 전시회에서도 주목을 받는 등의 성과가 있기도 했다. 미장 로봇과 외벽 도장 로봇은 공정이나 작업 수행 방식, 운영 방식 등에 차이가 있을 듯하다.

이: 미장 로봇과 외벽 도장 로봇(이하 도장 로봇)은 각자 미장공과 도장공을 대체하는 로봇으로 두 로봇은 인간의 그것과 차이는 같다. 미장 로봇은 콘크리트 바닥 공사, 즉 골조 공사를 수행하는 과정에 투입된다. 한편, 도장 로봇은 골조 공사 이후 외벽 페인트 마감 작업을 수행하는 과정에 투입된다. 미장 로봇이 무인화 작업을 통해 생산성 향상을 목표로 한다면, 도장 로봇은 건설 공사의 대표적인 위험 작업인 달비계 작업의 무인화를 통한 안전성 확보를 목표로 한다. 도장 로봇은 미장 로봇과 달리 최종 마감 공사를 수행하기 때문에 로봇 활용을 통한 공사 품질을 고려해야 한다. 도장 로봇을 개발하는 과정에서도 장비 개발 경험을 가진 도장 공사 전문업체와 협업해야 했고, 공사 전문성과 장비 개발 경험을 모두 보유한 제이투이앤씨와 공동개발을 추진했다.

감: 로봇을 포함한 스마트 건설 기술의 개발 필요성은 모두가 인지하고 있지만, 기술이 적용된 사례는 많지 않아 가시적인 효과를 증명하기가 어려운 상황이다. 스마트 건설 기술이 해결해 나가야 할 과제는 무엇인가?

이: 대부분의 스마트 건설 기술은 기존 업무를 더 효율적이면서도 안전하게 수행할 수 있도록 하는데 방점을 둔다. 또한, 기술의 완성도는 프로젝트의 성패를 좌우하기도 한다. 그렇지만 완성도와는 별개로, 아주 사소한 기술을 적절한 시점에서 적절한 환경에 적용하면 성공적인 결과를 도출할 수 있다. 건설 산업은 대표적인 보수 산업이고, 비정형적이면서도 불확실한 요소가 많은 산업이기도 하다. 그런 까닭에 새로운 기술이 현장에 실시간으로 적용되기 어렵다. 실제로 건설 로봇을 개발하다 보면 실내 랩 테스트를 수행할 때는 무리 없이 과업을 수행했던 로봇이, 실제 현장에 투입돼서는 현장의 다양한 조건 때문에 작업 수행을 해내지 못하는 상황을 맞닥뜨린다. 마찬가지로 A 현장에서 성공적으로 적용되었던 기술이 B 현장에서는 실패하는 경우도 비일비재하다. 따라서 스마트 건설 기술이 앞으로 해결해야 할 과제는 '지속적인 성공 사례 확보'다. 어떠한 공정이든 건설 로봇을 활용한 자동화가 효과적이라는 판단이 건설업 시장에 받아들여진다면, 그에 따른 새로운 기술은 자연스럽게 생기게 되리라 기대하고 있다. 이를 위해 주체와 방향성이 명확한 스마트 건설 기술을 체계적으로 개발하고 이를 현장에 적용할 계획이다.

감: 이러한 자동화 로봇을 통해 앞으로 기대하는 효과는 무엇인가?

이: 당연히 당사의 시공 생산성 향상 및 안전성 확보다. 이를 위해 로봇을 현장에서 적극 활용하고 그 결과를 모니터링해 업그레이드하는 작업을 지속할 계획이다. 또한, 자동화 효과가 클 것으로 예상되는 공정 또는 세부 작업에 대한 스터디를 꾸준히 진행하며 단순 반복 업무부터 로봇으로 대체하는 방향성을 갖고 기술을 개발해 나가고자 한다.

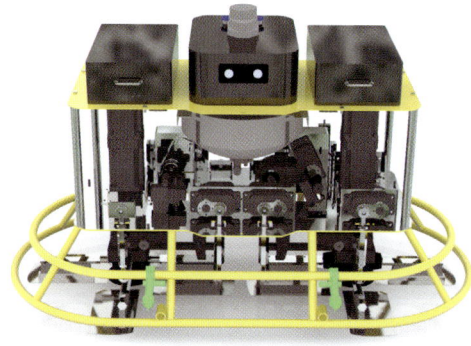

이창희

성균관대학교 건축공학과 졸업 후, 동 대학원에서 건설관리 분야 석사학위를 취득했다. 석사과정에서 건설정보화·BIM 분야의 연구를 수행하면서 스마트 건설 분야에 입문했으며, 대우건설기술연구원에 약 10년간 재직하면서 BIM을 비롯한 스마트건설 분야의 전반적인 연구 및 기술지원을 수행했다. 현재 현대엔지니어링 미래기술사업부 스마트기술팀에 근무하며 건설자동화 분야에 대한 연구를 수행하고 있다. 주요 연구분야는 BIM, 3D스캐닝을 활용한 시공 품질 모니터링, 건설 로봇 등이 있다.

Question

미장에 대한 14가지 해석

	1 건축·공간에서 미장은 어떤 존재일까?	**2** 미장을 통해 경험하는 감각 중 가장 흥미로운 부분은?
노말 건축사사무소	make up.	미장의 다양성.
논스페이스 NONE SPACE	미장은 건축과 공간에서 단순히 표면을 완성할 뿐만 아니라 공간의 본질과 이야기를 담는다. 개인적으로 미장을 두 가지 관점으로 보는데, 하나는 행위와 환경의 조화를 위한 매개체라는 것이다. 좋은 건축과 공간은 건축 행위나 행태, 주변 환경과의 조화가 필수라 생각하며, 소재의 일원화를 추구한다. 미장은 건축가의 의도를 잘 나타낼 수 있도록 미니멀한 공간을 구현하는 데 필요한 재료다. 두 번째는 현대적 무자성의 구현이다. 우리나라 건축은 예로부터 '무자성의 건축'이라 일컬어졌다. 지역에서 쉽게 채취 가능한 소나무, 주춧돌 같은 소재의 활용과 기후 및 생활 방식으로 생긴 온돌과 처마 형태 등에서 느낄 수 있다. 같은 맥락으로 현대의 보편성과 접근성, 지속가능성을 생각할 때 미장은 현대 환경에서 가장 자연스러운 선택이자 무자성적 재료이며 필수불가결한 존재다.	미장은 단순한 마감재를 넘어 공간 경험을 형성한다. 미장의 가장 흥미로운 점은 촉각적·시각적 다양성에서 비롯된다. 시멘트의 거친 표면에서부터 유럽 흙 미장의 부드럽고 따뜻한 질감까지, 미장은 재료의 물성을 통해 감각적인 풍요로움을 전달한다. 최근에는 바닥 마감재로도 사용할 수 있는 미장재도 있기에, 재료 자체의 경험보다는 일원화된 공간에서 건축가가 의도한 경험을 극대화한다는 점을 눈여겨보고 있다. 그 예시로 안도 다다오가 설계한 '빛의 교회'처럼 하나로 통일된 소재의 공간에서 빛의 경험을 극대화한 건축이나, 블랙 노출콘크리트로 자연과의 합일을 도모한 '제주 오설록 티스톤'이 있다.
더 시너지스트 the Synergist We create synergy with You.	과거의 미장이 과정으로서만 역할했다면, 현재의 미장은 더 다양한 역할을 해내고 있다. 드러내는 방식으로 활용되면서 공간에 생경하면서도 익숙한 느낌을 주는 존재가 되었다.	무언가를 감각하는 데 있어 촉각만큼이나 시각도 중요하다. 미장은 시각으로도 표면의 촉감을 느끼게끔 함으로써 공감각적 경험을 제공한다는 점이 흥미로운 마감재다.

3
미장의 한계와 가능성은?

미장의 한계점이자 가능성은, 한 면으로 만들어 내는 무작위성이다. 균일하지 않은 텍스처를 자아냄으로써 더 자연스러운 구현이 가능하지만, 한 면일 때 그 장점을 발휘한다. 다만 미장면에 적용된 기초 재료들에 문제가 생겨 터지는 경우가 종종 있는데, 그럴 때에는 단점이 두드러져 보일 수 있다.

내구성과 균열 문제는 미장이 지닌 큰 숙제였다. 시공 후 시간이 지나며 자연스럽게 크랙이 발생하거나 손상되기 쉬운 단점이 있었고, 콘크리트에 비해 내구성이 약한 경우도 많았다. 하지만 최근에는 기술이 발전하며 내구성과 안정성이 개선된 새로운 소재들이 개발돼 미장의 가능성이 새롭게 열리고 있다. 그와 동시에 다양한 텍스처와 색감을 구현한다는 점에서 디자이너들에게 창의적인 가능성을 제공한다. 친환경적 소재와 공정을 통해 환경 친화적 공간을 만들 수 있다는 점도 매력적이다. 개선해야 할 과제가 아직 남아 있지만, 기술과 디자인이 접목되면 그 가능성은 무한해진다고 생각한다.

미장 작업자의 숙련도에 따라 디자이너의 의도가 얼마나 잘 표현되는지 결정된다. 이는 미장의 한계가 될 수도 있지만, 다른 한편으로는 미장의 가능성이 될 수도 있다. 미묘한 차이를 표현해내는 작업자와 디자이너의 감도가 잘 만났을 때, 기대 이상의 공간이 연출될 가능성이 커지기 때문이다.

4
가장 인상 깊은 미장 공간은?

개인적으로 종석을 사용한 미장을 좋아한다. 종석을 뿌리거나 뜯는 식으로 활용한다. 자갈이 드러난 강렬한 표면은 석재와는 다르게 줄눈 없이 특유의 질감으로 자연스러운 구현이 가능하다.

피터 줌터 Peter Zumthor가 설계한 미술관 콜룸바에는 흙 미장재가 사용됐다. 폐허가 된 기존 건축물의 벽돌과 조화를 이루기 위해 회색 벽돌을 제작했고, 미장재도 이와 흡사한 밝은 회색 톤을 띤다. 흙 미장이 건축물과 아름답게 조화를 이룰 뿐만 아니라 미술관에 필요한 온도와 습도도 유지시켜준다는 점이 인상적이었다. 또한, 홍콩의 박물관 엠플러스에는 벽체부터 바닥까지 송판콘크리트 마감이 적용됐다. 재료를 최소한으로 사용함으로써 건축가가 의도한 전통 소재인 도기 타입의 파사드 마감이나 동선, 빛의 흐름이 극대화되었다고 본다.

가장 큰 감흥을 불러일으켰던 롱샹 성당이 잊히지 않는다. 각기 다른 크기와 색채의 스테인드글라스로 들어온 빛이 벽체에 닿았을 때 시각적 촉감을 느꼈다. 벽체는 콘크리트 위에 뿜칠이 돼 거칠어 보이는 한편, 빛에 의해 부드럽게 느껴지기도 했다. 언젠가 미장재를 활용해 공간을 연출한다면, 이곳에서 느꼈던 감흥을 표현하고 싶다.

5
미장에서 색상, 패턴, 텍스처 등을 결정하는 기준은?

상황에 따라 다르다. 때로는 매끄럽게, 때로는 거칠게 하며 다양한 색상을 활용한다. 선택지가 방대하다는 점이 미장의 매력이라고 생각한다.

주변 환경이나 공간의 용도, 인간의 행위에서 결정된다고 생각한다. 자연에 순응할 때에는 블랙 컬러를 이용해 자연과 하나가 되거나, 자작나무 숲에 건물을 지을 때 자작나무로 패턴과 텍스처를 연출하거나, 미술관을 설계할 때 조명을 부드럽게 받아들이면서도 작품이 돋보이게끔 밝은 톤이나 부드러운 텍스처를 사용하는 등 여러 기준을 둔 바 있다.

특정 재료가 혼자 두드러지는 것을 좋아하지 않는다. 미장 역시 색상을 결정할 때 공간의 분위기나 전체적인 조화를 고려해 결정한다. 그러면서도 패턴, 텍스처를 통해 조화로운 듯 그 안에서 포인트가 되게끔 하며, 시각적으로도 촉감을 느낄 수 있는 것을 선택한다.

	1 건축·공간에서 미장은 어떤 존재일까?	**2** 미장을 통해 경험하는 감각 중 가장 흥미로운 부분은?
필동2가아키텍츠 건축사사무소 필 동 二 가 아 키 텍 츠 ARCHITECTS PILDONG -2GA	건축 공사의 다양한 바탕이 되는 미장은 기능만을 요구했던 공정에서 벗어나 그 범위가 확대되고, 치장에도 쓰일 만큼 방법도 다양해졌다. 벽돌을 쌓은 후 수작업 미장으로 깨끗한 면을 만들어 후속 공정을 대비하기도 하고, 골재의 배합비나 굵는 장비 및 깊이에 따라 표현도 다양하게 할 수 있다. 공장에서 제작되는 기성제품과는 달리 설계자의 경험에 따라 배합 및 가공되는 미장재는 건축을 더욱 풍부하게 만든다. 이런 점에서 미장은 가능성을 지닌 존재다.	<대영빌라 220> 프로젝트를 진행한 바 있다. 2000년대 초반에 지어진 건축물 '대영빌라'는 계단실과 공용공간의 벽체와 천정이 미장으로 정돈된 표면에 본타일로 마감했던 공간이다. 공간을 재해석하면서 본타일면을 갈아냈는데 그 안에 숨어 있던 미장면이 그라인딩됐다. 그 과정에서 미장면의 차분함이 단순한 기능만을 위한 공정이 아닌 건축의 의장으로도 활용 가능하다는 흥미로운 부분을 발견했다.
코브 스튜디오 **COV**	미장은 건축과 공간 디자인에서 가장 기본적인 요소인 동시에 그 자체로 모든 것을 담아낼 수 있는 힘을 지녔다. 표면을 정리하고 보호하는 단순한 역할을 해내는 것을 넘어, 한 겹의 미장은 '기본'이 '완성'이 될 수 있다는 사실을 보여주는 요소가 아닐까.	언제, 어떻게, 그리고 누가 작업하느냐에 따라 미묘하게 달라지는 디테일이 가장 흥미롭다. 같은 재료라 해도 작업 방식에 따라 완전히 다른 결과물이 완성되고, 이러한 차이가 공간에 새로운 이야기를 만들어 낸다.
스튜디오 히치 STUDIO HEECH	미장은 인류 문명이 만들어 낸 오래된 공간 마감법이다. 특히 로마시대에 광범위하게 사용됐다. 이후 장식적인 공간 요소, 추가적인 질감과 패턴을 만드는 데 활용된 미장은 재료의 본질, 물성에 대한 경계를 모호하게 하기도 하고, 역전시키기도 하며, 때로는 스스로 물성을 표현하기도 하는 특성을 지닌다. 나폴레옹이 과거 베네치아 공화국을 정복한 후 테아트로 올림피코에서 대리석을 깎아 만든 것처럼 보이는 석상들을 프랑스로 가져가려고 했지만, 석상 하나의 팔을 부러트려 보니 그 석상이 플라스터로 제작됐다는 사실을 알고 결국 가져가지 않았다는 일화는 미장에 대한 역사적 인식의 흥미로운 단편을 보여준다.	재료의 본질에 대한 호기심을 갖게 한다는 점이 흥미롭다. 각 지역마다 고유한 재료를 활용한 미장 기술이 존재한다. 예를 들어 고대 로마에서는 라임, 모래, 대리석 가루를 혼합해 플라스터 기술을 발전시켰다.

3 미장의 한계와 가능성은?	4 가장 인상 깊은 미장 공간은?	5 미장에서 색상, 패턴, 텍스처 등을 결정하는 기준은?
미장의 내구성은 바탕을 이루는 구조 형식에 따라 달라진다. 사계절이 뚜렷한 우리나라에서는 수축팽창이 반복되는데, 그 반복에 적응하는 건축적 재료는 다양해지고 있다. 미장의 한계를 극복하는 데는 구조 변형이 적은 틀 선정, 미장 배합비, 밀실한 누름 시공 등이 수반된다. 수분을 적당히 유지하는 것도 중요하다.	거리를 걷다 보면 그리 유명한 건축물은 아니지만 오랜 시간을 버틴 담장, 창호 상부 인방의 미장 바름, 나름 멋스럽게 늙어가는 종석뜯기가 요즘과 다르다는 생각이 든다. 한두 해 만에 내구성의 한계가 드러난 건축물을 볼 때면, 내구성을 유지한 채 멋지게 늙어가는 미장 마감에 흥미를 느낀다. 미장 기술자의 부재가 사회의 단면을 보여주듯 말이다.	건축물의 형태와 부피는 미장재의 색상, 사용 도구에 따라 다르게 표현된다. 패턴과 텍스처는 모래나 자갈처럼 작은 스케일이 조합된 결과물이다. 이때 작업자 또는 건축가의 판단에 따라 텍스처는 달라진다. 원하는 색상을 구현하기 위해 텍스처를 얼마만큼 표현할지 조정하는 편이다.
미장의 특성상 온도와 습도에 취약하다는 점은 부정할 수 없다. 이는 마감재로서의 지속가능성에 대한 불안감을 완전히 떨쳐낼 수 없게 한다. 그렇지만 물성에 따라 표현 가능한 각자의 형태 속에서 주변의 다른 형태와 마감재들을 빠르게 흡수할 수 있는 포용력이 넓은 자재라고 생각한다.	최근 뉴욕 맨해튼의 소호에 새로 오픈한 발렌시아가 매장에서 접했던 미장 마감이 떠오른다. 단순히 바탕으로 기능하는 데서 나아가, 표현 기법에 따라 공간을 한층 더 돋보이게 하고 있었다. 동일한 마감재를 사용하면서도 배경 역할을 하는 공간이 있는가 하면, 의도적으로 만들어진 파손된 형태를 통해 공간의 메시지를 강렬하게 전달하기도 했다. 이로써 공간이 단순한 매장이 아닌, 브랜드 가치와 고유의 스토리를 체감시킬 장소로 거듭났다고 본다.	미장의 영역이 어떤 캐릭터를 지니게 할지를 첫 번째로 결정한다. 주인공 같은 역할을 부여할지, 아니면 주변을 자연스럽게 흡수하는 감초 같은 역할을 부여할지에 따라 텍스처와 패턴의 강도가 결정된다. 섬세하고 밀도감 있는 텍스처로 깊이를 더할지, 거친 표현으로 공간의 포인트를 만들지 판단하는 것이 가장 중요한 출발점이 된다.
미장 작업 과정에서 원하는 질감과 패턴을 만들어 내려면 해당 지역의 숙련된 장인이 필요하다. 그런 까닭에 미장 기술은 세대와 세대를 이어 전수되어야 하지만 현실은 그렇지 못하다는 한계를 맞닥뜨리고는 한다.	전통 한옥의 목조 심벽은 흥미로운 패턴과 질감, 이와 연결되는 구축 방식과 관련해 언제나 여러 영감을 선사한다. 강원도, 제주도 등 기후와 연결되는 전통 심벽 공간에서 내외부 마감에 활용되는 심벽 미장면이 흥미롭다.	건축가가 미장의 색상과 패턴, 텍스처를 이해하려면 미장 작업 과정과 재료의 배합을 명확히 이해해야 한다. 그런 의미에서 현대 건축가에게 미장 작업은 언제나 숙제로 남아 있다.

	1 건축·공간에서 미장은 어떤 존재일까?	**2** 미장을 통해 경험하는 감각 중 가장 흥미로운 부분은?
바이석비석 **BY SEOG BE SEOG.**	사람과 환경에 가장 영향을 많이 받는 존재다. 순응적이면서 관계 우선적인 존재라고 할 수 있다.	현대 건축과 공간에서는 대부분 공산화된 재료를 사용한다. 그만큼 일정 수준 이상의 품질을 보장받지만 한편으로는 온기가 없고 건조한 느낌을 받기도 한다. 반면 미장은 그러한 무미건조한 재료에 사람의 온기를 불어넣는 공법이다. 사람의 손길로 다양한 심상을 표현하는 것은 단순히 시공한다기보다는 마치 그림을 그리는 것과 같다고 본다.
원애프터 **one-aftr**	초기의 미장은 벽, 천장, 바닥 등을 마감 및 보호하고 내구성을 높이며 환경적 요인으로부터 건물을 지키는 실용적인 기능이 주를 이뤘다. 하지만 시간이 지나며 감각적 요소를 더하는 건축적 장치로 발전해 왔다. 이렇듯 건물의 '피부'처럼 얇지만 두터운 존재인 미장은 실용성과 심미성을 아우르며 공간에 섬세한 질감과 깊이를 더한다. 예를 들어, 한옥의 내부 공간에 심벽을 그대로 드러내는 것도 매력적이겠지만, 미장으로 마감된 회벽 사이로 드러나는 목구조는 구조적 매력을 한층 더 강조하며 새로운 공간감을 만들어 낸다. 건축하면서 구조와 자재의 물성을 그대로 드러낼 때, 그 본질적인 아름다움에서 오는 희열을 느끼고는 한다. 그 과정에서 미장은 자재의 본질을 드러내거나 감추는 경계에서 작동한다고 생각한다.	첫 프로젝트 <Exfoliate>에서 철거를 통해 기존 마감재를 벗겨내고 미장으로 본래의 매스감을 드러낸 바 있다. 철거와 콘크리트 폴리싱으로 드러난 거친 표면과 대비되게, 건물 상부에는 부드러운 미장 마감을 적용해 기존 매스의 순수한 형태를 강조하고자 했다. 이 과정에서 건축의 '질감'을 실질적으로 더 깊이 느끼고 고민하게 됐다. 미장 방식에 따라 매우 다양한 질감을 표현한다는 점에서 특히 흥미를 느꼈다. 단순히 평면적으로 색을 입히는 도장 마감과 달리, 미장 마감에는 석회, 모래, 돌가루, 점토분 등 여러 재료가 섞여 쓰이기 때문에 재료의 물성과 질감이 느껴진다. 같은 색상을 쓰더라도 미장의 표면은 결에 따라 빛에 반응하며 섬세한 음영이 연출되고, 건물과 공간의 분위기가 미묘하게 변화한다. 거칠고 투박한 손의 느낌을 남길 수도 있고, 섬세하게 다듬어진 면으로 여백의 미도 표현할 수 있다. 실제 공간에서는 물성과 깊이감이 더욱 두드러진다. 그렇기에 미장은 단순한 마감재를 넘어, 질감과 결을 통해 시각적, 촉각적 경험을 더욱 풍부하게 만드는 요소다.

3
미장의 한계와 가능성은?

모든 재료나 공법은 그것을 다루는 사람의 실력에 따라 차이가 있다. 특히 미장은 그 영향을 가장 많이 받는 듯하다. 마감재로서의 미장은 더욱 그렇다. 현장에서는 늘 균일한 품질이 요구되는데 이러한 점은 미장의 한계이기도 하다. 그렇기 때문에 사람에 따라 미장이라는 것을 회화 등 예술의 경지까지 끌고 갈 수 있다는 가능성도 존재한다고 생각한다. 그리고 근래에는 기능적인 부분까지 겸비하며 활용도 또한 더욱 높아질 것으로 예측한다.

미장의 가능성은 자재에 있고, 한계는 사용자에게 있다고 생각한다. 'plaster 도시'라는 수식어가 어울릴 만큼, 서울에는 미장 마감이 적용된 사례가 많다. 드라이비트, 테라코, 스타코 등 비용이 저렴하면서도 실용성과 미용성을 적당히 갖춘 자재에 많은 이가 매력을 느끼지만, 단순히 치장용 마감재로 사용될 때 한계를 실감한다. 빡빡한 예산 내에서 도장 외의 다른 마감재를 사용할 수 없을 때, 미장 마감이 가장 먼저 선택되기 때문이다. 하지만 미장의 가능성은 자재의 특성에서 비롯된다고 생각한다. 이전에 진행했던 <Doldam> 프로젝트는 공간에 맞게 다양한 미장 기법을 적용했다. 도로면의 외벽은 돌처럼 보이도록 종석긁기를 적용했고, 풍경을 감상할 수 있는 북쪽 면에는 종석미장 후 콘크리트 폴리싱으로 부드럽게 연출했다. 건물을 파고드는 중정이나 게이트 부분에는 돌이 깨져 광물이 노출되는 느낌을 주기 위해 주황색 스타코플렉스를 사용했다. 또한, 내부는 콘크리트 폴리싱으로 노출된 벽체와 대비되게, 바닥에 마이크로 토핑으로 은은한 질감을 표현했다. 이렇게 하나의 프로젝트 안에서도 여러 미장 기법을 통해 공간의 특성에 맞게 적용할 수 있다. 같은 색상으로도 질감을 달리해 심플하면서도 은은한 차이를 만들어 내고, 거친 느낌과 고급스러운 공간감을 모두 표현한다는 점에서 미장의 가능성은 높이 평가할 수 있다.

4
가장 인상 깊은 미장 공간은?

일본 도쿄의 타워형 료칸 스타일 호텔인 호시노야 도쿄에는 인상적인 선형과 텍스처로 표현된 독특한 공간이 있다. 홀에서 레스토랑으로 향하는 동선을 따라 이어져 있는데, 그 여정에서 경외로운 느낌을 선사하는 공간이었다.

건축가 루이스 바라간의 집과 스튜디오에 방문한 적이 있다. 멕시코의 뜨겁고 건조한 기후에서 그는 미장 마감으로 색상과 질감을 활용해 빛을 조절하고 실내 온도를 유지하는 방법을 적극적으로 사용했다. 이 프로젝트에서는 밝은 분홍색과 오렌지색을 사용하며, 미장에 석회를 적용한 기법을 통해 통기성이 좋은 외벽을 구현했다. 석회 미장은 자연스럽게 공기를 순환시키고 습도를 조절하는 특성을 지니고 있어 실내 온도 유지를 돕는다. 이렇듯 바라간의 미장 기법은 단순한 외장재가 아니라, 환경에 맞는 실용적인 해결책이기도 하다. 그러면서도 그가 사용한 색상은 빛을 반사해 내부 공간에 색이 스며들도록 하며, 단순한 형태 속에서도 따뜻하고도 안정감 있는 분위기를 만들어 미적인 효과도 극대화한다. 바라간의 건축에서 미장은 미장 그 자체가 공간을 형성하고, 색상과 질감이 빛에 따라 변화하면서 공간 경험을 지속적으로 다채롭게 만든다.

5
미장에서 색상, 패턴, 텍스처 등을 결정하는 기준은?

프로젝트를 진행하면서 초기에 구상하는 콘셉트와 쓰임의 방향이 하나의 기준이 된다. 다른 재료도 마찬가지지만, 특히 미장의 경우에는 색상과 패턴, 텍스처 등 고려할 지점이 많은 만큼 기준에 맞는 여러 요소를 검토한다.

<다방면>과 <성수 세림>은 공사비가 제한적이었기에 미장을 고려하며 작업을 시작했던 프로젝트다. 미장은 드러내거나 감추는 경계에서 중요한 역할을 한다. 따라서 강조하고자 하는 부분에는 질감과 색상을 강하게 사용하고, 반대로 감춰야 할 부분은 섬세하게 처리한다. <성수 세림>에서는 텍스처가 있는 갈색 미장을 강조점으로 사용함으로써 구조 보강을 시각적으로 강조함과 동시에 공간에도 포인트를 더했다. <다방면>에서는 리모델링한 부분과 증축 부분의 경계를 모호하게 만들고자 색상을 통일했지만, 미장에서의 질감 변화를 통해 기존 부분에 대한 힌트를 남겼다. 기존 벽체에는 미장을 하고, 추가적인 그라인딩 작업을 통해 기존 건물의 요소들에 액센트를 주었다. 이처럼 미장은 단순한 마감재가 아니라, 공간의 서사를 전달하고 기능적인 요구를 충족시키는 요소로 작용한다고 생각한다.

	1 건축·공간에서 미장은 어떤 존재일까?	2 미장을 통해 경험하는 감각 중 가장 흥미로운 부분은?
아틀리에 이치 	액체와 비슷한 질감의 형태를 손으로 펴 바르고, 시간이 지나 굳어짐에 따라 형태가 완성되는 공법으로 다양한 역할을 수행하고 질감을 표현하는 소재라 생각한다. 면의 평탄화를 위해 사용하기도 하며 방수액을 타서 사용하면 '액체 방수'라는 방수층을 형성하기도 한다. 시간이 지나며 굳어지기 때문에 바닥 공사에서도 사용하고, 틈새를 메꾸는 작업에서 사용되기도 한다. 접착성도 높아 조적 공정과도 밀접하게 연결되는 등 공간 내에 타 소재 및 공정을 보완하는 역할을 할 뿐만 아니라 다양한 질감으로 마감재로서의 역할까지 수행할 수 있는 소재다.	마감재로서의 미장은 다른 소재보다도 사람의 손길에 따라 마감의 느낌이 직접적으로 달라지는 소재다. 시공자의 손길이 어느 방향으로, 어떤 크기로 움직이는지, 얼마만큼의 압력으로 눌러 바르느냐에 따라 마감의 형태와 느낌은 천차만별이다. 또한, 혼합의 비율, 소재의 묽기 등에 따라 질감이 달라지며, 그로부터 표현되는 느낌도 달라진다. 표현하고자 하는 재질감에 대한 자율성이 높은 반면, 시공자에 따라 느낌이 달라진다는 위험성도 따른다. 딱딱한 소재들 사이에서 사람의 감성이 직접적으로 녹아드는, 인간적인 소재가 아닐까.
건축공방건축사사무소 	미장은 건축의 외피로 작동하며, 공간이 세상과 처음 만나는 인상을 정의한다. 구조체가 공간의 형태를 규정한다면, 미장은 텍스처, 색감, 빛의 상호작용을 통해 공간의 정체성을 완성한다. 미장은 환경과 사용자 간의 관계를 조율하며, 내구성과 지속가능성을 통해 건축의 완성도를 결정짓는 중요한 역할을 한다.	미장은 빛, 재료, 표면이 상호작용하며 공간을 구성한다. 텍스처는 빛을 반사하거나 흡수하며 공간에 깊이와 생동감을 부여한다. 표면이 거칠면 강렬한 그림자를 형성하고, 매끄러우면 부드럽게 반사하여 정돈된 분위기를 만든다. 또한, 미장은 시간이 지남에 따라 표면이 노화되고 변화하면서 공간에 새로운 층위를 더한다. 음파의 반사와 흡수도 조율하여 공간의 음향적 특성을 결정하며, 이러한 모든 요소가 결합해 공간의 경험이 만들어진다.
아지트스튜디오 건축사사무소 	건축이나 공간에서 건축적 개념을 드러내거나 공간의 퀄리티를 높이려면 수직과 수평이라는 선적, 면적인 요소들이 잘 드러나야 하기 마련이다. 그런 이유로 미장은 건축에서 가장 중요한 작업이고, 마감면이든 바탕면이든 신경 써서 진행되어야 한다.	미장은 재료를 바르거나 이를 연마하는 등의 작업을 뜻하는데, 이는 공장에서 완제품으로 만들어진 재료를 설치하는 게 아닌 까닭에 현장 여건, 온도 등 모든 요소로부터 영향을 받을 수 있다. 이렇게 현장 지배적인 방식은 건축가에게 도전적으로 와 닿기도 하지만, 눈에 보이는 곳에서 사람이 직접 진행하는 작업인 만큼 그야말로 자연스러운 결과물을 만들어 낼 수 있다는 점이 흥미롭기도 하다.

3 미장의 한계와 가능성은?	4 가장 인상 깊은 미장 공간은?	5 미장에서 색상, 패턴, 텍스처 등을 결정하는 기준은?
마감이 아닌 공법 측면에서의 미장은 단독으로 무언가를 만들어 내기에는 한계가 있다고 본다. 바닥 시공은 기존 바닥 구조체나 철근 같은 구조를 필요로 하고, 벽 시공은 기존 조적벽 같은 요소를 더 튼튼하게 만드는 조력자로서 역할한다. 또한 손상된 부분을 국소적으로 메꾸는 등 무언가를 보완할 때 미장을 주로 사용하기 때문에 미장재 자체만으로 무언가를 만들어 내는 것은 한계를 지닌다.	자사 사옥 신축 프로젝트에 '가키오토시(搔き落とし, かきおとし)'라는 미장 마감 기법을 적용하고자 한다는 점을 이야기할 수 있다. 부서진 자갈을 시멘트에 섞어 벽에 바른 후 뾰족한 도구로 표면을 긁어내 거친 마감을 연출하는 방식으로, '종석미장', '종석뜯기', '종석긁기'라고도 한다. 시멘트와 자갈의 고유한 느낌을 드러내 표현하는 점, 그리고 그 거친 면이 자연의 빛을 받았을 때 빛과 그림자가 자아내는 대비가 도드라진다는 점이 매력적이다. 소재가 스스로 존재감을 강하게 드러내지 않지만, 빛과 계절 등 자연의 변화가 자연스럽게 담기는 소재와 공간을 선호하는 편이다.	기능성을 떠나 심미성에 대한 이야기라면 그 기준은 정한 바 없다. 공간에 담고자 하는 이야기와 건축주가 담고자 하는 맥락을 우선시한 후 소재나 질감을 결정하기 때문에 우리만의 기준을 정해놓고 설계하지 않으려 한다.
환경적 요인과 재료의 내구성에서 미장은 한계를 가지며, 잘못된 시공은 조기 열화를 초래한다. 그러나 새로운 재료와 기술은 이러한 한계를 극복하며 가능성을 확장시킨다. 재활용 재료로 지속가능성을 높이고, 3D 프린팅 기술로 정교한 텍스처를 구현하며, 전통 미장 기법을 현대적으로 재해석해 지역성과 현대성을 동시에 반영한다. 이를 통해 미장은 단순한 마감재를 넘어 건축적 표현 수단으로서 중요하게 작동한다.	스위스 바젤의 샤울라거에 적용된 미장은 단순한 구조재를 넘어 조형적 가능성을 확장하는 존재다. 노출콘크리트가 빛과 그림자가 시간과 계절에 따라 다채롭게 변화하는 표면을 만들어 낸다. 외장의 텍스처는 주변 환경과 상호작용하며, 건축물이 시간의 흐름과 함께 살아가는 듯한 느낌을 선사한다. 미장이 건물의 보호막을 넘어 공간의 메시지를 전달하는 매개체로 작동할 수 있음을 보여주는 사례다.	미장은 건축적 맥락과 재료의 본질을 기반으로 설계한다. 텍스처는 표면의 조도와 질감을 통해 공간의 깊이를 형성하며, 빛과 그림자의 상호작용을 조절한다. 색상은 주변 환경과 조화를 이루거나, 대조를 통해 특정 맥락에서 건축적 존재감을 강조한다. 패턴은 건물의 기능을 시각적으로 표현하거나 공간에 리듬을 부여한다. 모든 결정은 재료의 본연의 특성을 살리면서도 공간의 경험과 정체성을 강화하는 방향으로 이루어진다.
작업자의 손에서 가장 많이 만들어지는 방식이기 때문에 품질의 일관성에 대한 의문을 종종 가지게 된다. 그럼에도 불구하고 줄눈이 없다는 것은 건축물의 매스감을 오롯이 나타낼 수 있다는 걸 의미한다. 이는 건축가가 매스를 통해 의도를 드러낼 때 매우 좋은 재료가 될 수 있다.	미장은 결국 리노베이션 프로젝트에서 도드라질 수 밖에 없다. 이러한 이유에서 스튜디오승호에서 작업한 연희동의 <모던애니멀>은 미장이 잘 적용된 프로젝트다. 기존 건물의 곡선 형태를 유지하며 어두운 색으로 미장을 하고, 증축 부분은 하얀색으로 정리했다. 이러한 그의 어휘는 기존 건축물에 대한 이해를 바탕으로 미장을 적절히 사용했다는 점을 드러내며 깊은 인상을 남긴다.	결정 기준은 결국 재료의 우수함이나 특별함보다 건축물의 콘셉트에 있다. 일례로 우리가 진행한 <아카이브 매스; 갤러리 인 리노베이션> 프로젝트는 리노베이션 이후에도 기존의 흔적을 남기고자 했고 이러한 이유로 매끈한 스토 마감에 거친 스토를 대비시킴으로써 기존 창호를 드러내고자 했다. 또한 <콘크리트 도서관> 리노베이션 프로젝트는 기존 연와조 벽체를 사용한 곳에는 붉은색 스토와 콩자갈 모르타르를 뜯어냄으로써 이를 드러내고자 했다. 이처럼 미장을 선택할 때는 건축물의 이야기를 가장 잘 나타낼 만한 방식을 염두에 두게 되고, 이것이 곧 선택의 기준으로 이어진다.

	1 건축·공간에서 미장은 어떤 존재일까?	2 미장을 통해 경험하는 감각 중 가장 흥미로운 부분은?
스테이아키텍츠 **STAY ARCHITECTS**	미장은 인테리어의 최종 마감재로서 동서양을 막론하고 과거부터 폭넓게 사용되어 왔고 지금도 많은 사랑을 받고 있다. 동시에 건축에서는 공간을 구획하는 벽, 바닥, 천장의 기본 마감면을 정리하는 재료로서 최종 마감에 없어서는 안 될 조연출로 사용되어 왔다. 이제는 강도와 불연성을 갖춘 외장재로서, 드라이비트의 선입견에서 벗어나기 위해 발전하고 있다.	모든 마감재는 시각, 촉각, 청각을 자극하는데 그중에서도 미장은 촉각과 관련이 높다고 생각한다. 미장은 시공법에 따라 구성 입자의 크기와 종류를 조절할 수 있어, 투명하고 매끄러운 질감에서부터 손대면 찔릴 듯 거칠고 요철이 심한 질감까지 구현할 수 있다. 특히 요즘에는 지푸라기 등의 자연 소재 또는 재활용 소재와 혼합해 전혀 다른 차원의 마감재 효과를 주기도 하며, 두께와 색감을 활용해 수채화 같은 아트미장도 연출할 수 있다. 또한, 재료의 두께감에 따라 입체적인 패턴을 형성해 넓은 면을 고르게 펴 바른다는 전통적인 사용성에서도 자유로워졌다.
모어레스건축사사무소 More Less Architects	개인적인 시선에서, 2차원의 면을 3차원의 덩어리로 만드는 요소로서 미장을 바라본다. 구축 과정에 파편화된 2차원의 면들을 정리하고 분리된 요소를 결합하고 균열을 메우며 다시 새로운 질감의 입체적 3차원의 덩어리로 만들어 가는 건축 요소다.	벽이나 천장 등 건축의 기능적 요소 속에 미장을 통해 심미적인 의도를 부여하는 순간이 흥미롭다. 2차원 면의 입체적 질감이 더해지고 빛과 그림자에 따라 변화하며 공간의 분위기를 더하는 순간이 그러하다.
스튜디오 모티프 STUDIO MOTIF	공간에서의 미장은 마감을 위한 배경이 되기도, 그 자체로 마감이 되기도 한다. 그야말로 구조와 마감의 경계라고 할 수 있다. 배경면을 조성하는 데 많이 사용되지만, 기획자나 연출자의 시선에 따라 정말 멋진 마감이 되기도 한다. 바른다는 것 자체가 수작업이란 의미를 내포하고 있기 때문에 매우 원초적인 방식이며, 그 원초적 방식 자체가 매력으로 승화되기도 하는 어르신 같은 공법이라 생각한다.	미장은 바르는 일, 즉 수작업을 통해 일종의 레이어를 만드는 방식이다. 이때 손으로 쌓는 레이어가 주는 방식은 여타 작업과 달리 마치 목재나 석재 같은 자연 소재를 마주할 때와 비슷한 감각을 선사한다. 벽체의 조성 방식을 가정하여 생각해 보면, 목공벽체와 경량 등의 금속벽체는 분명 누군가 작업을 통해 벽체를 조성했다는 인공적인 감각이 확실한 반면, 조적 후의 미장벽체는 원래부터 이곳에 존재해 온 듯한 자연스러움을 감각할 수 있다. 마치 산 속의 바위를 보는 듯 말이다.

3	4	5
미장의 한계와 가능성은?	가장 인상 깊은 미장 공간은?	미장에서 색상, 패턴, 텍스처 등을 결정하는 기준은?

소규모 건축물의 외장과 인테리어 마감재로 활용도가 매우 높으며, 시공비 대비 아름다운 결과물을 얻을 수 있다는 점이 미장의 장점이다. 특히 마감재 사이즈가 정해져 있지 않아 절개선 없이 연속적인 마감면을 얻을 수 있다. 반면, 재료의 두께가 얇은 편이라 건축 외장재로서 기능성과 내구성이 높지 않고, 특유의 질감으로 인해 오염도가 높은 편이다. 이런 이유로 중·대형 건축물에는 주요 외장재로 사용되기 힘들지만, 재료 자체의 유연성이 높고 다른 재료와의 배합이 자유롭다는 점에서 인테리어 마감재로서의 스타일과 시공성은 점점 더 확장되고 있다.

	미장이 맞는지 순간 착각을 일으키는 공간들. 거대한 석재처럼 시공하기 어려운 마감재를 구현하거나 틀을 잡기 힘든 형태를 만들 때 미장을 활용하는 사례가 점점 많아지는데, 그 퀄리티가 진짜와 비슷해 놀라곤 한다. 특히 이런 방법들이 실내 조경 또는 여타 공간 디자인 요소들과 결합해서 공간적 효과를 극대화하는 경우가 많이 보인다.	건축주가 공간의 이미지를 어떻게 그리는지에 따라 미장의 세부 디자인을 구상한다. 바닷가를 연상시키는 미니멀한 단층의 건축물을 구현하기 위해서 절개선 없이 깨끗한 미장을 외장재로 채택하기도 했고, 규모가 더 큰 건축물에서는 미니멀하지만 단조롭지 않은 외관을 연출하고자 가로줄 패턴을 넣은 미장벽을 군데군데 적용하기도 했다. 인테리어에서는 더 자유롭게 시공 가능한데, 유럽의 오래된 가게에 들어온 듯한 느낌을 주기 위해 빈티지 가구와 함께 때가 탄 듯한 미장벽을 계획한 바 있다. 이때 마치 그림을 그리는 듯 여러 색감을 스펀지로 켜켜이 올리며 세월이 느껴지는 아트월을 완성했다. 미장은 하나의 이름으로만 불리기에는 그 공법이 아주 다양하다. 그렇기에 상황에 따라 전혀 다른 모습으로 사용될 수 있다.

미장은 현시대의 구축 과정 속에서 여전히 수공예(기술자의 역량)적 요소로 남겨져 있다고 본다. 그것이 건축의 한계이자 가능성일 것이다. 설계자의 의도와 함께 기능자(작업자)의 솜씨로 나타나는 최종 결과물은 명확히 예견할 수 없는 불안이자 기대라고 할 수 있다.

오래된 목조 적산가옥에서 내부가 모래 미장으로 마감된 공간을 방문한 적이 있다. 밝은 창살의 안방 위에 모래 미장면은 천장까지 이어져 있었고 공간 속의 빛은 모래 미장과 함께 부드럽게 흩어지며 어두운 천장 속으로 서서히 사라지는 벽면이 된다. 그 공간 속 모래 미장은 빛을 부드럽게 삼키는 벽이었다.

건축 전체의 방향과 공간의 성격에 따라 기준은 달라질 것이다. 다만 공간 속에 건축의 빛과 그림자를 통한 분위기를 더하기 위해 미장의 텍스처를 많이 고민하는 편이다.

미장의 쓰임새가 워낙 다양하기 때문에, 공정을 특정하지 않는다면 한계를 말하기가 어려울 듯하다. 훗날 기계처럼 오차범위를 완벽하게 통제하는 시공이 가능한 시대가 온다면, 배경 작업으로서의 미장에 대한 수요는 많이 줄어들지 않을까. 반면 마감재로서의 미장은 그 시대의 기획자가 바라보는 관점에 따라 가능성이 무궁무진하다고 본다. 나 또한 마감 영역에서의 미장은 공예의 영역이라고 생각하며, 개인적으로 선호하는 공법이기도 하다.

특정 공간은 떠오르지 않지만, 미장에 관한 기억 하나를 나누고자 한다. 현장에서 미장 작업자분이 덜 마른 미장을 쇠솔로 긁으며 치핑 작업을 하는 중이었는데 그게 너무나도 멋진 나머지 잠시 멈춰 달라고 요청한 적이 있다. 물론 유지관리 문제로 인해 마감 미장을 덮었지만, 석고보드 조각에 미장 손치핑 샘플을 만들어 줄 수 있는지 문의했던 기억이 난다.

모든 기준은 전체 공간의 맥락 속에서 결정된다. 미장을 위한 결정을 내리기보다는 전체 공간의 맥락에서 필요한 미장 패턴과 색상, 강도를 택한다.

5

PRODUCT

Essence & Class

미장의 본질에 다가가는 교육:

페인트하우스 우진

백문이 불여일견. 흙손과 팔레트를 들고 직접 작업을 해보는 것보다 미장을 깊이 이해할 방법이 또 있을까. 시공 현장 바깥에서도 미장을 접할 기회가 있으니, 바로 교육이다. 천연 미장재 수입 판매 및 시공 업체 페인트하우스 우진의 미장 교육은 단순히 기술을 익히는 데 그치지 않는다. 손끝으로 느끼는 질감과 이론으로 이해한 재료의 특성을 조화롭게 연결함으로써, 참가자들이 미장의 본질과 매력을 체험하도록 돕는다. 강산이 서너 번은 바뀌는 세월 동안, 페인트하우스 우진은 화려함보다 성실함을, 단기적인 성과보다 장기적인 가치를 추구하며 한결같은 행보를 이어왔다. 앞으로도 천연 미장재를 통해 창의적이고 환경 친화적인 건축 문화를 확산시키는 데 기여할 것을 목표로 하고 있다.

-
글 **구자영**
취재 협조 **페인트하우스 우진**

1985년 설립된 페인트하우스 우진(이하 PH우진)은 천연 미장재를 수입 및 공급하는 업체다. 이탈리아와 리투아니아 등 유럽 곳곳에서 엄선한 미장재를 수입해 국내에 소개하며, 환경 친화적이고 지속 가능한 건축재료의 가치를 꾸준히 알리는 데 힘써왔다. PH우진은 단순히 재료를 유통하는 데 그치지 않고, 제품의 본질과 특성을 깊이 이해할 수 있도록 미장 교육, 300여 개의 샘플이 마련된 쇼룸 등 여러 서비스를 운영하고 있다. 재료를 중심으로 건축 전문가와 비전문가 모두가 사용할 수 있는 실용적이고 가치 있는 선택지를 제안한다. 주로 수입하는 제품은 라임 플라스터, 흙 미장재, 액체금속 미장재 등으로, 그중에서도 가장 중심이 되는 품목은 라임 플라스터다.

자연과 건축의 조화, 라임 플라스터

석회를 주원료로 한 천연 미장재로, 건축 마감재로 사용되는 재료 중에서도 독특한 매력을 지닌 라임 플라스터는 고대 로마시대부터 사용되어 온 역사 깊은 재료다. 당시 건축물의 강도와 미관을 동시에 만족시키는 재료로 사랑받았으며, 오늘날에는 전통과 현대의 조화를 이루는 건축 마감재로 많은 분야에서 사용되고 있다. 이를 통해 라임 플라스터는 단순한 재료를 넘어, 환경과 건축을 잇는 매개체로 자리 잡았다. 이 재료는 석회가 공기 중의 이산화탄소와 반응하며 경화되는 과정을 통해 자연스러운 질감과 깊이 있는 색감을 연출한다. 특히 실내 환경을 쾌적하게 만드는 재료로도 주목받고 있는데, 이는 뛰어난 통기성 덕분이다. 습기를 조절하고 곰팡이와 같은 문제를 억제하는 데 효과적이라 숨 쉬는 재료로 불리기도 한다. 또한, 시간이 지나며 자연스럽게 텍스처가 깊어지는 특성은 공간과 사람이 함께 호흡한다고 느끼게끔 한다. 단순히 외관적인 미학을 넘어 지속 가능한 건축을 추구하는 데에도 부합한다.

기술을 넘어 본질을 좇는 교육

PH우진은 미장 교육에서 실습과 이론을 적절히 병행하며, 단순한 기술 습득 이상의 가치를 전달하고자 한다. 특히, 재료의 특성과 반응성을 깊이 이해하는 과정을 중시하며, 이를 통해 재료와 작업자가 상호작용하는 과정을 탐구한다. 이는 미장의 기술이 재료에 대한 깊은 이해에서 시작된다는 점을 강조하는 접근법이다. 교육 과정에서는 특정 재료의 작업 방법뿐만 아니라, 다양한 미장재가 가진 특성과 역사·환경적 의미를 함께 탐구한다. 질감은 매끄럽게 마감돼야 세월의 흔적을 견딜 수 있다. 라임 플라스터를 포함해 액체금속 미장재와 같은 독특한 재료들이 각각 어떤 본질적 특징을 지니는지, 이를 작업에 어떻게 활용할 수 있는지를 체계적으로 배우는 것이 핵심이다. 단순히 표면을 꾸미는 데에서 한 걸음 더 나아가 재료와 작업의 조화를 이루는 예술적 과정으로서 미장은 존재한다는 메시지는 교육 전반을 관통한다. 교육생들은 손으로 느끼는 재료의 질감과 반응성을 경험하는 동시에, 재료의 본질을 이해하며 작업의 깊이를 더할 수 있는 기회를 얻는다.

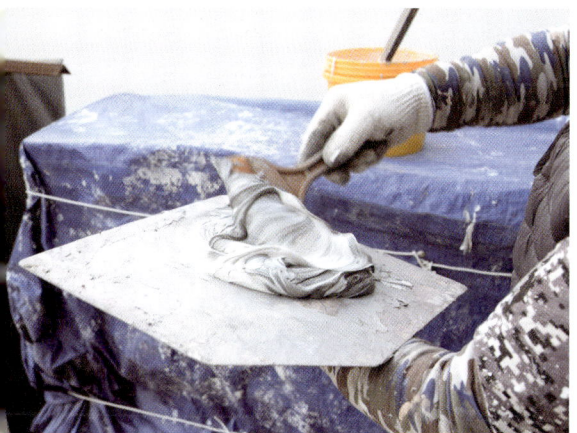

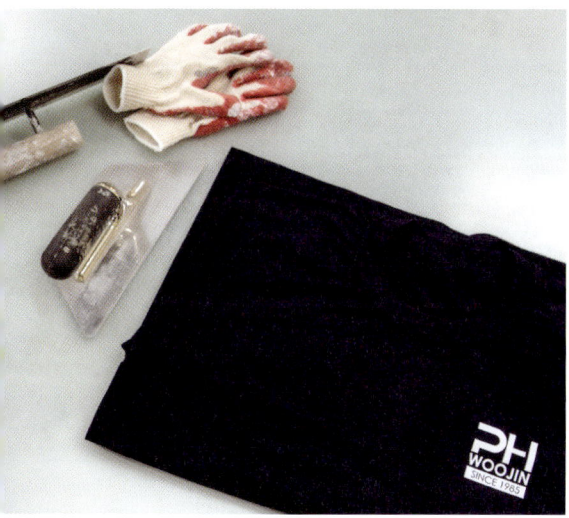

재료를 이해하며 손끝으로 완성하는 미장 교육

라임 플라스터 작업의 세 가지 단계

PH우진이 제공하는 교육에서는 하도 작업이 미리 완료된 캔버스와 미리 혼합된 재료를 제공해, 교육생이 핵심 작업 과정에 집중할 수 있도록 돕는다. 특히, 라임 플라스터는 자연친화적이고 전통적인 재료이면서 PH우진이 핵심적으로 취급하는 미장재로, 미장 기술과 미학적 가치를 동시에 탐구할 수 있어 교육 과정에서 중요한 비중을 차지한다. 실습은 기초 레이어링부터 마감과 폴리싱까지 단계적으로 진행된다.

① **기초 레이어링 작업**_ 준비된 캔버스 위에 라임 플라스터를 얇게 도포하며 기초 레이어를 형성한다. 흙손과 팔레트를 사용해 균일하게 레이어를 만들고, 두께와 텍스처를 조절하며 재료의 반응성을 느껴본다. 이 과정은 작업의 기본기를 다지며, 이후 레이어를 추가할 기반을 준비하는 데 초점이 맞춰져 있다.
② **텍스처와 디테일 추가**_ 기초 레이어가 건조된 후, 텍스처를 추가하며 표면에 개성을 부여하는 작업을 진행한다. 이 과정에서는 도구 사용법과 각도, 힘 조절에 따라 다양한 마감 스타일을 만들어 볼 수 있다. 이를 통해 라임 플라스터가 선사하는 표현의 다양성을 직접 체험한다.
③ **마무리와 폴리싱**_ 라임 플라스터를 균일한 두께로 2차 미장하고 패턴을 만든 후 평활하게 다듬는다. 라임 플라스터를 활용한 작업의 마지막 단계는 폴리싱 작업으로, 미장칼로 미장면을 문질러 라임 플라스터의 특유의 질감과 광택을 살려내는 작업이다. 약 5분 간격으로 사각흙손을 사용해 표면을 매끄럽게 다듬거나 자연스러운 광택을 만들어 냄으로써 작업은 마무리된다.

종료, 그 이후

교육이 종료된 후에도 PH우진은 교육생을 지속적으로 지원한다. 먼저, 교육 후에도 미장 관련 정보 및 노하우를 공유할 수 있도록 단체 채팅방을 마련함으로써 교육생 간 네트워크의 장을 마련한다. 미장과 관련하여 궁금한 점이 생길 때마다 문의하는 것도 가능하다. 업계에 발을 딛는 이에게는 첫 걸음을 떼는 발판으로, 이미 업계에 몸 담고 있던 이에게는 인연의 끈을 두텁게 만들고 함께 성장하는 장으로서 자리한다. 아울러, 필요시 소정의 금액을 지불하면 재교육 수강도 가능하다. 이를 통해 교육생은 지속적으로 기술을 연마하고 심화할 기회를 제공받는다.

수업에서 다루는 미장재

PH우진은 유럽에서 수입한 자재를 다루는 만큼, 수업에서도 해당 자재를 활용한다. PH우진에서 취급하는 자재인 동시에 수업에도 쓰이는 제품 일부를 소개한다.

트레버티노 Travertino

1924년에 설립된 이탈리아 브랜드 베리칼체BeriCalce의 제품이다. 자연석인 트레버틴 대리석의 질감을 표현할 수 있는 라임 미장재로, 석재 고유의 자연스러운 텍스처를 재현할 수 있다는 점에서 클래식한 공간 연출에 자주 쓰인다. VOC를 비롯한 유해물질이 전혀 없는 파우더형 제품으로, 물을 부어서 사용하면 된다.

인피니토 Infinito

이탈리아 로지아Loggia사의 제품이다. 무한하다는 뜻을 지닌 이탈리아 형용사 'Infinito'가 이름에 그대로 사용된 데에서부터 유추할 수 있듯, 이 제품은 무한한 가능성을 지녔다. 믹싱되어 있어 즉시 사용 가능하며 무한대의 패턴과 마감 방법 등 디자이너의 상상력과 작업자의 재현성이 다양한 미장 장식재이기 때문이다. 또한, 포름알데히드가 전혀 들어가지 않아 환경에 부담을 주지 않는다. 작업 방식에 따라 표면에 광을 내는 것도 가능하며, 석재 고유의 질감도 재현할 수 있다.

아니마 Anima

이탈리아 로지아Loggia사의 제품으로, 촉감이 부드럽고 패턴이 우아하게 연출된다는 점이 특징이다. 페인트이지만 미장 작업이 가능한 제품이며 업계 밖 일반 소비자도 손쉽게 사용할 수 있다.

아르질라 Argilla

1969년에 설립된 이탈리아 페인트 회사 컬러리피치오 베네치아노 Colorificio Veneziano의 제품으로, 천연 흙과 라임 파우더가 혼합된 제품이다. 타입에 따라 각기 다른 연출이 가능하다. 고운 입자가 특징인 '아르질라Q1'과 자개가 들어간 '아르질라L3'이 있다.

미스터클레이 Mr.Clay

리투아니아산 흙 미장재 제품으로, 100여 가지 미네랄 색상 마감이 가능하다. 흙의 특성상 빛을 머금으며, 이로부터 아늑한 분위기 연출이 가능하다.

주소	(본사) 서울특별시 강서구 양천로 75길 22-11 (염창동) (스튜디오) 서울특별시 강서구 양천로77길 13 지하 1층
대표연락처	02-2678-6930
공식 채널	(홈페이지) painthouse.kr (블로그) blog.naver.com/painthh (인스타그램) @phwoojin

Certificate

미장으로 향하는 또 하나의 방법, 국가자격

국가자격 중에는 필기시험과 더불어 실기시험도 시행되는 경우가 있다. 특히, '작업형' 실기시험이 포함된 국가자격을 준비하고자 한다면 직접 미장을 실시하며 텍스트 너머로 미장을 감각할 수밖에 없다. 이 파트에서는 미장 관련 국가자격 중에서도 작업형 실기시험을 포함한 경우를 위주로 소개한다. 본래 국가자격은 각 소관부처에서 개별적으로 운영됐다. 하지만 2008년부터는 한국산업인력공단에서 출제부터 합격자 발표까지, 시험의 전 과정을 통합 관리하고 있다.
후술할 모든 내용은 본지 제작 시점인 2024년을 기준으로 한다. 수수료 등 시험 응시에 관한 더 자세한 내용은 한국산업인력공단 큐넷 홈페이지에서 확인하도록 하자.

-
정리 **구자영**

미장기능사
(영문명: Craftsman Plastering)

별도의 필기시험 없이 실기시험으로만 구성된다. 미장기능사는 미장용 공구와 장비로 각종 구조체의 바닥, 벽, 천장 등에 시멘트모르타르, 회반죽, 플라스터, 인조석, 테라조 등을 발라 면을 평평하고 미끄럽게 하거나 장식 마감을 수행한다. 시험에서는 설계도면을 이해함으로써 시공 순서와 방법을 파악하고 필요한 자재를 선정하며 소요 수량을 산출해내야 한다. 나아가, 바탕 정리, 재료 배합, 미장 작업 및 시공 후 보호 양생과 정리 작업을 안전하게 수행해야 한다. 시험은 약 5시간 동안 진행된다.
(출제 기준 적용 기간 2025.1.1. ~ 2027.12.31.)

건축일반시공산업기사
(영문명: Industrial Engineer Building General Work)

건축일반시공산업기사는 미장이나 타일 시공 등 마감 작업을 수행하거나 하위 기능자를 지도하고 감독한다. 실기시험은 약 9시간 30분간 진행된다. 조적 및 미장 작업을 위해 현장 점검 후 자재, 인원, 장비를 준비하고, 설계도에 따라 시공 위치를 관리하며 바닥 정리, 벽돌 쌓기, 타일 시공을 포함한 작업을 수행해야 한다. 또한, 안전 보호구 착용과 안전시설 설치로 근로자를 보호하고, 시공 품질을 검사하고 보수해야 한다.
(출제 기준 적용 기간 2023.1.1. ~ 2026.12.31.)

건축일반시공기능장
(영문명: Master Craftsman Building General Work)

건축일반시공기능장은 숙련된 건축 시공 기능을 활용해 현장 작업 관리, 소속 기능자 지도 및 감독, 현장 훈련, 경영층과 생산층 간 중간 관리 업무 등을 수행한다. 시험 시간은 약 17시간으로, 공사 내역 및 도면 검토 등을 통한 시공 계획 수립부터 조적 공사, 미장 바름 작업, 타일 공사 진행, 이후의 보양 및 검사 작업까지 모두 수행한다.
(적용 기간 2022.1.1. ~ 2025.12.31.)

국가유산수리기능자(한식미장공)
(영문명: Cultural Heritage Repair Technician)

국가지정문화유산 보전 및 복원 기술 전문 인력 양성을 위해 제정된 국가자격으로, 총 24종목으로 구성된다. 그중에서 한식미장공 종목은 흙, 석회, 중깃[1] 등을 이용한 미장을 테스트한다. 2022년도 시험 기준, 중깃을 세우기 위한 목공구, 미장 흙손, 비빔용 흙손, 흙받이, 목공용 망치, 볏짚 절단 도구, 생석회 피우기 통, 50mm 못 등을 이용하며, 이는 수험자가 직접 지참해야 한다. 실기시험과 면접시험에 모두 합격해야 한다.

---

[1] 중깃: 흙벽의 외를 엮기 위해 인방과 인방 사이에 세로로 대는 가느다란 목재

Supplement

미장 시공 업체 정보

건축 및 건설 업계 바깥의 소비자가 미장 작업의 다양함과 미세함을 알 수 있는 방법은 한정적이다. 업체 측에서 제공하는 자료가 있다면 소비자가 직접 고민하고 선택할 수 있는 폭은 더 넓어지지 않을까. 국내 미장 시공 업체 중에서도 소비자가 그간의 시공 사례 자료를 열람할 수 있는 업체를 소개한다.

유럽미장(아트미장)

'유럽미장'으로도 불리는 아트미장은 고급스럽고 세련된 질감을 통해 건축물에 독특한 분위기를 더하는 미장 시공 방식이다. 전통적인 미장 기법과는 달리 질감과 색감을 폭넓게 표현할 수 있다는 점에서 감각적인 디자인을 원하는 건축물에 많이 사용된다.

토로

미장재 전문 제조 및 시공 기업으로, 흙을 기반으로 다양한 제품을 개발·출시한다. 그중에서도 토로의 정체성이라 할 만한 제품은 '토로오리진'. 흙과 더불어 허브, 천연 광물 등이 함유되어 있다. 검정 계열에는 숯이 들어가기도 하고 쪽빛을 내는 파랑 계열이면 실제로 쪽이 들어가는 식으로, 자연 고유의 색상이 구현됐다. 그 외에도 흙과 라임이 주가 되는 '보나토', 흙과 편백 분말로 이뤄져 얇은 미장을 완성시키는 '카올리나' 등도 있다.

　　토로를 설명하며 또 하나 빼놓을 수 없는 특징은 바로 '패턴'이다. 패턴 개발팀을 따로 두고 패턴 디자인을 자체적으로 개발할 만큼 미적 요소도 중시하며, 대표적인 패턴으로는 '휴에이드'가 있다. 그뿐만 아니라, 자체적으로 연구소를 두고 있다. 신제품을 개발했을 때 이 자재가 친환경적인 요소로 갔을 때 두께감이 올렸을 때 얼마나 있으면 양생이 되는지 크랙이 가는지, 하자 부분에서 가장 민감하게 본다고 한다.

　　토로를 찾는 고객의 90% 이상은 기업체다. 그렇지만 토로에서 생산되는 제품은 일반 소비자도 사용할 수 있게끔 판매되고 있다. 토로 공식 홈페이지에서 구매할 수 있으며, 경기도 과천시에 위치한 쇼룸에서 미장 샘플도 직접 볼 수 있다.

주소	(쇼룸) 경기도 과천시 과천대로 643 (R&D센터) 전라북도 완주군 용진읍 완주로 386-22
쇼룸 운영시간	월~금 9시~18시, 주말 휴무
전화번호	1644-4562
공식 채널	(홈페이지) torolife.com (인스타그램) @torolife_official

드파랑

특징	오프라인 대리점 보유, 클래스 운영, 온라인 스토어 운영, 미장재 및 부자재 판매
주소	(본사 및 쇼룸) 서울특별시 서대문구 성산로7안길 3 1층 *대리점에서도 쇼룸이 운영되는 경우가 있으니 자세한 사항은 드파랑 공식 채널에서 확인하도록 한다.
연락처	070-7543-9529
공식 채널	(홈페이지) www.defarang.co.kr (인스타그램) @defarang_official

디페인트

특징	온라인 스토어 운영, 미장재 판매
주소	(본사 및 쇼룸) 경기도 양평군 양근리 218-13
연락처	010-9155-2098
공식 채널	(홈페이지) blog.naver.com/ym890617 (인스타그램) @d.paint704

마스티체

특징	클래스 운영
주소	(본사 및 쇼룸) 충청북도 청주시 흥덕구 강내면 월곡길 17-7
연락처	010-7356-2482
공식 채널	(홈페이지) mastice.co.kr (인스타그램) @mastice.co.kr

클래식플라스터 수원점

특징	클래스 운영, 미장재 및 부자재 판매
주소	(매장) 경기도 수원시 팔달구 경수대로 720-1 1층 (쇼룸) 경기도 수원시 팔달구 정조로 868 1층
연락처	(매장) 0507-1467-7015 (쇼룸) 0507-1306-6746
공식 채널	(인스타그램) @classicplaster_suwon

방바닥통미장(실내 바닥 마감)

공간의 근본을 이루는 요소, 바닥. 방바닥통미장 작업은 실내 공간의 전체적인 품질을 높이는 데에 있어 핵심적인 과정으로, 바닥의 평탄함과 내구성을 결정짓는다. 그만큼 섬세한 기술과 경험을 필요로 한다.

고흥방통

주 시공 지역	부산, 울산, 경북, 경남
연락처	0507-1344-8683
주소	울산광역시 울주군 청량읍 개곡새각단길 35
공식 채널	blog.naver.com/jin_minho

대영기계미장

주 시공 지역	부산, 대구, 경북, 경남
연락처	010-5566-8500
주소	경상북도 영천시 창신1길 21
공식 채널	blog.naver.com/wjdrb2382

동아건업

주 시공 지역	제주
연락처	010-3600-8846
주소	제주특별자치도 제주시 임항로 242 지하 1층
공식 채널	blog.naver.com/123hci

명성몰탈

주 시공 지역	서울, 경기, 인천, 강원 등
연락처	010-5307-4803
주소	-
공식 채널	blog.naver.com/bon4803n

삼화방통

주 시공 지역	광주, 전북, 충남 등
연락처	010-3654-8801
주소	전북특별자치도 전주시 완산구 유연로 34 1층 4호
공식 채널	blog.naver.com/samhwa8801

서대문몰탈

주 시공 지역	서울, 경기, 인천, 충북, 충남 등
연락처	010-5320-3786
주소	서울특별시 서대문구 거북골로 84
공식 채널	blog.naver.com/sdmmoltal

영광옥당방통

주 시공 지역	전남
연락처	010-8665-3619
주소	전라남도 영광군 영광읍 신하리 364-1
공식 채널	blog.naver.com/ok-bangtong

우정몰탈

주 시공 지역	서울, 경기, 충북 등
연락처	010-5381-3056
주소	서울특별시 은평구 불광로 89-8
공식 채널	blog.naver.com/pooyou6311

운정기업

주 시공 지역	서울, 경기, 인천 등
연락처	031-953-8898
주소	경기 파주시 파주읍 충현로 73 101
공식 채널	blog.naver.com/backjs4333

전국몰탈

주 시공 지역	대전, 세종
연락처	010-3032-2081
주소	-
공식 채널	blog.naver.com/xaktmxjx159

중부몰탈

주 시공 지역	대전, 세종, 충북, 충남, 전북
연락처	010-5193-7572
주소	대전광역시 중구 대종로190번길 34
공식 채널	blog.naver.com/sanghuyk22

현대방통

주 시공 지역	전북
연락처	010-3658-4161
주소	전북특별자치도 전주시 덕진구 두간6길 10
공식 채널	blog.naver.com/johoyoun

외벽 방수 (코킹)

외벽은 외부 환경에 직접적으로 노출되는 요소, 외벽. 외벽 미장 작업은 건축물의 첫인상을 결정지을 뿐만 아니라 내구성과 방수 성능도 좌우한다. 고도의 기술과 내구성 있는 자재 선택이 필수적이다.

대운드라이비트

취급 서비스	스타코, 스타코플렉스, 누수 및 방수 등
주 시공 지역	부산, 경남
연락처	010-5861-9880
주소	부산광역시 해운대구 선수촌로208번길 13-7 1층
공식 채널	dwoondrybit.modoo.at

도영아트

취급 서비스	방수, 도장, 실리콘, 로프 시공 등
주 시공 지역	광주, 전남, 전북
연락처	010-2019-3739
주소	광주광역시 북구 금남로115번길 22 1층
공식 채널	blog.naver.com/whdvlf563

씨씨엠앤에스

취급 서비스	외부 토탈 시스템 제공 (시공 및 자재)
주 시공 지역	제주
연락처	064-713-6690
주소	제주특별자치도 제주시 애월읍 하소로 89
공식 채널	www.ccmns.com

한국외벽공사

취급 서비스	방수, 결로, 균열, 드라이비트 등
주 시공 지역	서울, 경기, 인천, 충남 등
연락처	1544-0487
주소	서울특별시 중구 퇴계로 36가길 100
공식 채널	koco2022.imweb.me

훈코킹

취급 서비스	누수 및 방수, 균열, 로프 시공 등
주 시공 지역	대전, 세종, 충북, 충남 등
연락처	010-9912-8927
주소	대전광역시 유성구 유성대로694번길 10 102호
공식 채널	blog.naver.com/conankh

외단열

단열과 미장을 외벽에 일체화시키는 공법, 외단열 시스템. 앞선 기사 '미장에 기능을 더하다'를 통해 외단열 시스템의 대표적인 사례로 테라코, 드라이비트, STO(이하 스토), 스타코를 소개한 바 있다. 이 용어들은 건축 및 건설 시장과 현장에서도 큰 축을 이루는 만큼, 관련 시공 업체에서도 자주 언급된다. 이 넷과 관계된 국내 외단열 시공 업체 중 시공 사례 자료를 열람할 수 있는 업체를 소개한다. 이외에 각 용어에 대한 설명은 본지 p.132에서 확인하도록 하자.

테라코

1980년에 스웨덴에서 설립된 그룹 테라코Terraco는 친환경 마감재를 개발 및 생산하며 친환경 솔루션을 제공한다. 우리나라에서는 '테라코코리아'라는 이름으로 사업을 전개하고 있다. 3곳의 공장(충청북도 제천, 경기도 광주, 강원도 횡성)에서 퍼티, 내·외부 마감재 및 접착제, 투수바닥재 등 다양한 건축자재 제품을 생산하며 전국 13개 영업소를 통해 제품을 유통한다. 시공 사례 자료는 테라코코리아 공식 홈페이지에서 열람 가능하다.

주소	(본사 및 제천공장) 충청북도 제천시 송학면 송학로10길 21 (서울사무소) 서울특별시 송파구 법원로11길 7 현대지식산업센터 C동 301~306호
전화번호	(본사 및 제천공장) 043-645-8814 (서울사무소 유통사업본부) 02-565-0650
공식 채널	terraco.co.kr

드라이비트

미국에서 설립된 회사의 이름으로 시작됐지만 전 세계적으로 널리 사용되며 지금은 공법의 이름으로도 쓰이는 드라이비트. 드라이비트만의 이러한 상황은 수많은 국내 드라이비트 시공 업체에도 고스란히 반영돼 있다. 그중에서도 공식 채널을 통해 시공 사례 자료를 제공하는 세 곳의 업체를 아래와 같이 소개한다.

드라이비트

취급 서비스	시공(드라이비트, 스타코, 미장스톤 등), 관련 제품 판매
주소	경기도 평택시 고덕면 고덕로 45-11
전화번호	031-665-8110
공식 채널	대보드라이비트.com

KJ드라이비트

취급 서비스	드라이비트, 스타코플렉스, 샌드빈, 고벽돌, 파벽돌 등
주소	경기도 부천시 부흥로 457번길 69
전화번호	010-7205-0854
공식 채널	건물외벽리모델링.kr

칠성드라이비트

취급 서비스	드라이비트, 스타코, 스타코플렉스, 노블스톤, 미장스톤 등
주소	대구광역시 북구 동화천로59길 22
전화번호	053-259-7272
공식 채널	blog.naver.com/shyj1500

일광비트

취급 서비스	시공(드라이비트, 스타코플렉스, 샌드빈, 미장스톤 등), 자재 및 심재 납품
주소	대전광역시 중구 대종로 160
전화번호	042-271-5544
공식 채널	blog.naver.com/gmltkd4443

STO

독일의 친환경 종합 건축자재 회사의 이름이지만, 시장에서는 광범위하게 쓰인다. 스토의 외단열 시스템을 통칭하기도 하고, 이에 따라 '스토 시공'이라고 표현하기도 한다. 관련 업체 중 그간의 시공 사례를 열람할 수 있는 네 곳을 소개한다.

마피코퍼레이션

주소	경기도 하남시 미사강변중앙로31번길 30
전화번호	070-4247-0708 / 010-4026-0700
공식 채널	(홈페이지) mafi-in.co.kr (인스타그램) @mafi_corp_official, @mafiwork

(주)기린건장산업

주소	경기도 군포시 용호1로2번길 11
전화번호	070-4247-0708 / 010-4026-0700
공식 채널	(인스타그램) @kirin_sto

라스코퍼레이션

주소	서울특별시 금천구 디지털로 178 가산 퍼블릭 B동 812호
전화번호	02-6012-0477
공식 채널	(홈페이지) rascorp.co.kr (인스타그램) @rascorp.info

스토에이엔씨

주소	서울특별시 중구 장충단로 13길 20
전화번호	010-9011-0882
공식 채널	(홈페이지) stoanc.com (블로그) blog.naver.com/studsk (인스타그램) @stoanc_official

스타코플렉스

기존의 스타코가 지닌 단점을 보완하기 위해 개발된 제품, 스타코플렉스. 온도 변화, 습기, 구조적 문제 등으로 인한 균열을 보완하기 위해 아크릴 베이스로 강화된 합성 스타코 소재다. 제품의 이름을 가리키는 데에서 나아가 관련 공법도 아우르는 표현이 된 지 오래다. 스타코플렉스 시공 업체 중 시공 사례 자료를 제공하는 업체 네 곳의 정보를 소개한다.

대보스타코플렉스

특징	스타코플렉스, 파렉스, 오메가, 플렉스, 그레뉼, 샌드빈, 스타코
주소	경기도 양평군 양서면 북한강로 14-1
전화번호	0507-1481-6612
공식 채널	양평스타코.com

스타코나라

특징	스타코플렉스, 드라이비트, 미장스톤, 옥상방수
주소	경기도 고양시 덕양구 고양대로 1383-2
전화번호	010-9654-6155
공식 채널	blog.naver.com/an7819

EIFS company

특징	스타코플렉스, 스타코, 타일
주소	경기도 성남시 분당구 백현로 144번길 7-4
전화번호	1899-5576 / 010-2390-8387
공식 채널	(홈페이지) blog.naver.com/anyboy77 (유튜브) www.youtube.com/@EIFSCompany (인스타그램) @eifs_company

에쓰비산업

특징	스타코플렉스, 드라이비트, 미장스톤, 노블스톤
주소	경기도 의정부시 용민로182번길 26-4 103호
전화번호	031-846-3304 / 010-3357-6911
공식 채널	sbdry.co.kr

참고자료

단행본
- 배영수. 『건축시공 현장실무』. 좋은땅, 2020.
- 박용곤. 『미장실기』. 부크크, 2023.
- 김성원. 『자연미장』. 빨간소금, 2022.
- 토목관련용어편찬위원회. 『토목용어사전』. 탐구원, 1997.
- 세화 편집부. 『화학대사전』. 세화, 2001.
- 김진욱. 『100년 만에 되살리는 한국의 전통미장기술』. 성안당, 2017.

정기간행물
- 김성민. 「기경성 재료의 시공환경에 대한 연구」. 『한국건축역사학회 추계학술발표대회 논문집』(2022): 311-314.
- 김정렬, 박준범, 김찬진, 정욱, 배성재. 「건축 실내 바닥마감(방바닥 통미장) 자동화로봇」. 『한국건축시공학회』 22(4). pp.22-27.
- 남병직, 노상균, 김은경, 안선아, 강소영. 「석회 종류와 배합비 별 문화재 보수용 석회 모르타르의 초기거동특성과 수축특성 연구」. Journal of Conservation Science. 2020, 36(6):456-474, DOI:10.12654/JCS.2020.36.6.02
- 백철우, 김훈상, 최성우, 조현태, 류득현. 「다량의 광물질 혼화재를 사용한 고강도 콘크리트의 내구성 평가」. 『콘크리트학회 논문집』. 2015, 27(6):641-649, DOI: 10.4334/JKCI.2015.27.6.641
- 이경회. 「흙과 인간 환경」. 『대한건축학회지』. 1992, 36(3). pp.5-12.
- 조영민. 「전통 벽체 기법 변화에 관한 연구」. 『건축역사연구』. 2014, 23(4):47-56, DOI: 10.7738/JAH.2014.23.4.047

보고서 및 정부간행물
- 강제원. 『한국동식물도감 제8권 식물편(해조류)』. 문교부, 1968.
- 한국도로공사. 『混和材料의 歷史와 展望』. 1985.

판례·법령
- 건축공사 표준시방서 KCS 41 46 01 : 2021 미장공사 일반 (2021. 8. 13. 개정)

신문기사
- 이기환. "2005년 광양 마로산성서 발굴 목기는 삼국시대 '흙손'". 『경향신문』. 2007.1.3. https://www.khan.co.kr/culture/scholarship-heritage/article/200701031803201.

웹페이지
- 건축네트워크 건네트 gunnet.kr
- 국립국어원 표준국어대사전 stdict.korean.go.kr
- 대한건축학회 온라인 건축용어사전 dict.aik.or.kr
- 사단법인 한국발전부산물자원순환협회 kpbra.com
- 사단법인 한국패시브건축협회 phiko.kr
- 삼표그룹 sampyo.co.kr
- 습식·방수공사업협의회 wwcc.kr
- 우진페인트 woojinpaint.co.kr
- 한국시멘트협회 cement.or.kr
- 현대엔지니어링 hec.co.kr
- PH우진 painthouse.kr

건축재료 처방전

<감 매거진GARM Magazine>은 자신의 공간을 스스로 만들 수 있는
최소한의 방법을 안내합니다. 그 시작은 건축의 가장 작은 단위인
재료에 대한 고찰입니다.
'감'은 순우리말로 재료를 뜻합니다. 감의 씨앗인 '감씨garmSSI'는
감 매거진을 만드는 에잇애플8apple의 출판 브랜드로, 당신의 공간에
적합한 재료를 소개하고 더 나아가 개인의 창조력을 현실화하는
방법을 함께 논의합니다.